海外取引の税務リスクの見分け方

税理士 伴 忠彦 著

税務研究会出版局

はじめに

　港で船に貨物を積み込み、荒波を超えて外国で売る貿易が海外取引のすべてだった時代は彼方に去って、今や国境を越えて取引される商品やその手段が多様化しています。海外取引はずっと容易になりましたが、その一方で、海外取引を巡る税務も、ずいぶん複雑になりました。

　税法の用語や表現は、読みやすさや理解しやすさよりも正確性を優先しますし、すべての納税者に等しく適用されるため、非常に機械的で網羅的です。

　海外取引や国際課税の問題は、法人税、源泉所得税、消費税という主要な税目のすべてで生じてきます。どの税目でも、条文がもともと分かりにくい上に、1か所にかたまって書かれてもいませんので、必要に応じてあちこちから見つけて来なければなりません。経理や税務の担当者が、日々生じる海外取引の税務処理の一つ一つに丁寧に対応するのは、なかなか大変です。

　そのような中で、問題が潜んでいそうな海外取引とそうでない取引をうまく仕分けたり、潜在する問題の内容に見当を付けたりできれば、事務の効率や効果が上昇すると思います。

　そこで本書では、課税問題の主人公を「海外取引の税務にあまり慣れていない中堅規模の日本企業」として、海外取引関係の各種の税制において、海外取引における税務リスク（税務調査で否認されそうな点）の所在を見分けるポイントを見ていきます。

　税法の詳細な説明ではなく、「この税制は何のためにあって、どのような取引を対象としているのか」、「税務処理の誤りを減らすための発想

や留意点は何か」などの考え方の要領を、できるだけ分かりやすい言葉にしてみます。

　それを通じて、「この税制は、普通はこう考えるものだろう」という、海外取引に係る各種の税制と向き合うときの問題意識の持ち方をイメージしていただいて、皆様の税務リスクを少しでも減らすことができれば幸いです。

　最後に、本書の執筆を勧めてくださった税務研究会の中村隆広氏、編集や校正で驚くほどお世話になった田中真裕美氏、惜しみない応援をいただいた谷川碧氏に、心からお礼を申し上げます。

令和4年12月

伴　忠彦

本書の目標と構成

　本書は、税目や税制をできるだけ縦割りで捉えず、範囲の広い海外取引の税務に関するオール・イン・ワンの入門書、あるいはワンストップ窓口的な解説書となることを目標としています。関係する制度には少々複雑なものもありますが、肩肘張らず気楽に読んでいただけるものになればと思います。

　第1章では、海外取引の税務リスクの見分け方を、3税目（法人税・源泉所得税・消費税）＋国際課税の総合的な観点から、やや国際課税制度に軸足を置いて整理します。海外取引の税務との向き合い方です。

　海外取引といえば国際課税という言葉が思い浮かびますが、海外取引イコール国際課税ではありません。普段から国内取引に適用している法人税法や消費税法の規定を基に検討する項目が多くあります。

　第2章では、個別の税制がどのような目的を持って、何を防ごうとしているのかという点を踏まえながら、各論的に見ていきます。3税目＋国際課税の各制度の概要を簡潔に、できるだけ偏りがないようにカバーして、海外取引を巡る制度を俯瞰します。個々の税制がなぜあるのか、その狙いと仕組みがわかれば、そこから税務リスクが見えてくると思います。存在感を増している消費税については、海外取引との関係を、特に網羅的に見ていきます。

　第3章では、簡単な事例を使って、各税制との向き合い方をもう少し掘り下げてみます。具体的な事例と正確な回答（Q＆A）というより、発想のトレーニングです。税務リスクに関する想像力や応用力を膨らませるための読み物と思ってください。

　事例には「調査官の視点」として、誤りを見つける立場（調査目線）からの発想や切り口を上げています。これらは、誤りを防ぐための納税者側の発想や注意点と、表裏の関係になっているはずです。

目　次

第2章

税制の目的と仕組みからリスクを考える　21

I　国内取引の延長で考える海外取引と法人税 ……… 22

取引事例でリスクを見分ける 133

凡　例

本書中に引用する法令等については、次の略称を使用しています。

法法………法人税法

法令………法人税法施行令

法規………法人税法施行規則

法基通……法人税基本通達

所法………所得税法

所令………所得税法施行令

所規………所得税法施行規則

所基通……所得税基本通達

消法………消費税法

消令………消費税法施行令

消規………消費税法施行規則

消基通……消費税法基本通達

措法………租税特別措置法

措令………租税特別措置法施行令

措規………租税特別措置法施行規則

措通………租税特別措置法関係通達

外為法……外国為替及び外国貿易法

国外送金等調書法……内国税の適正な課税の確保を図るための国外
　　　　　　　　　　　送金等に係る調書の提出等に関する法律

通法………国税通則法

税資………税務訴訟資料

要領………移転価格事務運営要領

*本書の内容は、令和4年12月20日現在の法令・通達等に基づいています。

第1章

海外取引の税務と向き合う

I 海外取引の税務の広がり

1 経理担当者の苦労

　企業の税務や経理の担当者は、少なくとも法人税・源泉所得税・消費税の3種類の税目について、適切な税務処理を行う必要があります。これは国内取引でも海外取引でも同じですが、海外取引の場合は、国内取引の延長で検討すべきポイントに加えて、海外取引であるがゆえに注意すべきポイントが生じてきます。海外取引の税務の範囲は広がり続けていますので、国内法だけではなく、相手国別の租税条約まで含めて、法・源・消の三方に気を遣わなければならない経理担当者の仕事は、大変になるばかりです。

　法人税では、国内取引と同様に検討すべき収益・費用の計上のタイミングや、損金不算入などが基本的な問題になります。また、海外に支配関係のあるグループ会社等を持っている場合には、国際的租税回避を防止する税制（タックス・ヘイブン対策税制や移転価格税制など）が発動しますので、これにも適切に対応しなければなりません。

　このような租税回避の防止税制は、「国際課税」と呼ばれる分野の重要な一部分ですが、国際課税にはこれ以外に、もっと地味で基本的な税制があります。それは非居住者や外国法人（以下、個人である非居住者と外国法人を合わせて、「非居住者等」といいます）に対する課税（支払者にとっては源泉徴収）の制度や、国際的な二重課税が生じたときにそれを緩和・解消する外国税額控除の制度です。

　源泉所得税は、海外の取引相手である非居住者等が日本に支払うべき税金を、支払側が預かって（天引きして）納付するものですので、処理の誤りが自分だけでなく取引相手に及ぶ場合もあります。

消費税は、所得に課税する法人税や所得税とは違って間接税ですので、特有の考え方があります。

税務署が法人税の調査を行うときにも、源泉所得税と消費税の調査を同時に行います（加えて印紙税もです）。昨今は特に消費税が、税率の上昇とともに存在感を増しています。

以下では、法人税・源泉所得税・消費税と国際課税の制度をまとめて、「3税目＋国際課税」といいます。

2　税務リスクの潜在を察知する基礎体力

3税目＋国際課税について、一人ですべてに通じておくというのはかなり大変ですし、すべての海外取引を念入りに検討していてはきりがありません。それに、実際には、すべての海外取引に3税目＋国際課税の全部が必ず関係してくるわけでもありません。ある取引に各税制が適用される場合は、かなり限定的であるといえます。

そこで、3税目＋国際課税について、それぞれの制度の基本的な考え方、趣旨、目的などをできるだけ平易な言葉にして、それらと向き合うときの発想の仕方と税務リスクの見分け方について、考えていきます。各制度の体系的な説明からは少し離れて、発想や検討の方法や、税務処理における目の付けどころなどを紹介していきます。

「この取引は普通の取引と違う」とか、「もう少しじっくり検討すべきだ」など、リスクが潜在していそうな取引を見落とさない力（いわば基礎体力）が養われれば、税法を丸暗記していなくとも、「制度の目的からすれば、この取引は課税になる可能性が高い」といった発想を通じて、税務リスクが潜在していそうな海外取引を抽出できるでしょう。

そのような仕分け作業によって、対応の次のステップ、すなわちリスクの高そうな取引について詳しい解説書を調べる、部内で検討する、専門家に相談するなどの段階に、効率的に進めると思います。

Ⅱ 3税目＋国際課税の考えどころ

1 海外取引の税務が国内取引と勝手が違う部分

　海外取引が比較的容易に行える時代とはいえ、そもそも取引先とは言語や価値観、法律や規則、商慣習や手続きなどが異なっていて、国内取引と海外取引の実務は大きく違います。

　各税法や租税特別措置法にも、海外取引や国際課税に関連する条文が、分かりにくい専門用語満載で随所に点在していて、これだけでもちょっと腰が引けます。

　とはいえ税法には、言語や商慣習の違いを理由に課税内容が変わるような規定はありません。基本的には、国内取引でも海外取引でも、取扱いは同じです。その中で、「内国法人が行う取引で、税務の取扱いが国内取引と異なる場合」を大雑把に挙げてみると、【図表1】のようになります。

　これは網羅的なものではありません。しかし、おおむねこのあたりが、税務上注意すべき海外取引ということになります。

　重要な要素は、取引の相手方の納税者ステイタス（居住者／非居住者、内国法人／外国法人）と取引が行われた場所（国）、そして海外子

【図表1】一般的な国内取引と取扱いが異なる取引

税目	国内取引と取扱いが異なる場合
源泉所得税	支払相手が非居住者や外国法人の場合
源泉所得税、消費税	取引の場所や役務の提供地が国外の場合
消費税	商品や役務が国境をまたぐ場合
法人税	支配関係のある海外子会社等を有しているか、そことの取引がある場合

会社等との取引かどうかです。しかし、これらに該当する取引をすれば必ず課税関係が生じる、というものでもありません。あくまで、国内取引と異なる取扱いになる可能性があるということです。

2　取引例で考える3税目＋国際課税の検討ポイント

　次に、簡単な取引を材料にして、3税目＋国際課税で検討する必要が生じるポイントを見てみます。内国法人のA社が外国法人のB社と次の取引をしたときには、どの税目でどのような判断が必要になるでしょうか？

> 　内国法人A社は、X国の外国法人B社にコンサルティングを依頼し、役務の提供を受けて対価を支払った。

（1）法人税
　法人税の観点からは、支払が損金不算入に該当するものではないか、あるいは損金計上のタイミングはいつか、為替換算はどのレートで行えばよいかなどが、一般的な検討のポイントになるでしょう。

　コンサルティングの対価といっても、取引内容を検討すると、実際には損金不算入の計算の対象となる交際費や寄附金に該当するかも知れません。また、損金算入の時期は、その役務の提供がいつ完了したかで決まりますので、完了時期の判断が必要です。さらに、コンサルティングが資産の取得（例えば、他社の株式の買収）に伴うものである場合には、状況によっては一時の損金ではなく、資産の取得原価に含める必要が生じることもあり得ます。

　これらの判定は、海外取引だからといって独自の方法があるわけではなく、普通の国内取引と同様の視点から、税務処理を検討するものです。税法上、国内と海外で違いはないのです。

法人税は、内国法人にとっては全世界の所得が課税になりますので、基本的には、益金や損金の考え方や計上のタイミング等の税務処理に国内・海外の違いはないということです。

(2) 源泉所得税

　源泉所得税（源泉徴収）は国内取引にも多く登場しますが、支払先が外国にいる非居住者等である場合は、源泉徴収すべき範囲や税率が国内取引とは異なってきます。

　コンサルティングは人的役務の提供で、その対価を支払う際には源泉徴収が必要になるかもしれません。投資所得や役務提供の対価などは源泉徴収の対象になることが多いので、まずは国内法の規定を検討します。その段階で源泉徴収が不要なら、それまでです。

　しかし、もし国内法で源泉徴収が必要となれば、それで終わりにせず、次に租税条約を見なければなりません。租税条約の内容は相手国によって異なりますし、結んでいない国もありますので、見るのは必ず、X国との租税条約です。A社が源泉徴収する金額はB社が日本に納める税金ですが、租税条約によってB社の国内法に基づく納税義務が軽減又は免除される結果、A社が行うべき源泉徴収の税率が低くなったり、不要になったりすることもあるからです。国際課税のルールが関係してくる、面倒な部分です。

(3) 消費税

　事例の取引は、役務提供を受けて対価を支払うものですから、仕入税額控除の対象になるかどうかの判断が重要です。

　それにはまず、その支払が「国内で行う課税仕入れ」に該当するのか否かを判定しなければなりません。いわゆる内外判定で、コンサルティングという役務が国内で提供されたかどうかを検討します。国外で役務が提供されたと判定されれば、不課税取引となって仕入税額控除の対象

にはなりません。

　一方、内外判定で国内取引となれば、課税仕入れに該当すれば仕入税額控除の対象になります。続いて、仕入税額控除を個別対応方式で計算する場合には、課税仕入れの区分や課税売上割合の計算を適切に行う必要があります。

（4）国際課税制度

　もし、取引したX国のB社が第三者ではなく、A社が支配する海外子会社だったとしたら、上記の検討事項の他に、法人税の項目として、国際的租税回避の防止規定の適用についても検討する必要が生じます。

　移転価格税制の観点からは、B社との取引価格が独立企業間価格になっているかどうかの検討が必要です。また、タックス・ヘイブン対策税制の観点からは、B社に生じた所得が親会社であるA社の所得とみなされる（合算される）ものかどうかの検討が必要です。そのためには、B社のX国での租税負担割合が一定以下になっていないか、そしてB社はX国に十分な事業の実態を有して経済活動を行っているかなどを判定しなければなりません。

　（1）から（4）までで、「外国の会社にコンサルティングの対価を払う」というシンプルな取引についての、3税目＋国際課税で検討が必要な可能性のある点を挙げてみました。

　法人税では、損金計上のタイミングや損金不算入の可能性など、国内取引の延長で考えるべき点が多そうです。源泉所得税では、国内法による源泉徴収の要否の判定と、租税条約の適用による軽減・免除の検討が必要です。消費税では、まず内外判定で国内取引になるのか否か、次に課税仕入れであれば仕入税額控除の適切な計算などが必要になります。

　そして、このような多くの観点からの検討に加えて、取引相手が海外子会社など支配関係のある者の場合は、タックス・ヘイブン対策税制や

移転価格税制まで意識しなければならず、検討項目がさらに増えてきます。

　海外取引をする度にこれらをすべて検討していては、たいへんな手間がかかります。しかし、それぞれの税制の性質やターゲットを知ることで、検討の効率を上げることができると思います。

3　税務当局も海外取引の税務を重視している

　最近は、日本を含む世界各国の税務当局が、国際的な取引に対する課税への注目度を高めています。世界中の国々で外国への資産隠し、外国で設立した法人への所得の移転、各国の税制や租税条約の違いを利用した租税回避行為などが、共通の問題になっているからです。

　どの国も、自国の課税所得が、税制が想定する範囲を過度に超えて外国に流出することを防止し、自国の課税権を守ろうとしています。

　日本でも世界と歩調を合わせて、国際課税制度（特に国際的な租税回避を防止する制度）に関する大きな税制改正が続いています。また、執行（税務行政）の面でも、国税庁は「国際戦略トータルプラン」という国際課税への取組み強化の姿勢を公表し、重点課題と位置付けています。国税局や税務署の税務調査でも、3 税目＋国際課税の海外取引の調査が強化され、中堅法人にも及んでいます。

　さらに、税制の整備だけではなく、海外取引の内容や海外での資産保有に関する情報（すなわち税務調査の武器）を入手する制度も、各国税務当局の協調体制の下で大きく進化し、効率化されています。このような動きは、世界各国でコロナ禍に対応する財源の確保が要請される中で、さらに加速するかもしれません。

Ⅲ 「海外取引」と「国際課税」の区別

1 海外取引の税務と国際課税はイコールではない

　海外取引の税務というと、いわゆる国際課税のことかと思われるかもしれません。企業の海外取引のボリュームが大きくなってくると、「国際課税を知らないと大変なことになる」などと言われる（脅される？）こともあります。大規模企業が、移転価格税制やタックス・ヘイブン対策税制に基づいて多額の税務否認を受けた、などの報道も時折聞かれるところです。

　確かに、国際課税の制度の適用は、海外取引をしていることが大前提です。しかし、海外の相手と取引をしただけで、必ず国際課税の制度が適用になるわけではありません。国際課税制度が適用になる取引は、かなり限られたものです。むしろ、多くの海外取引は、相手が外国にいるというだけの普通の取引で、国内取引と同じ税法が適用されます。

　経理担当者が「これはただの海外取引だ」又は「これは国際課税制度が適用になる取引かもしれない」と効率よく仕分けられれば、その後はリスクが高めの取引に検討を集中できます。

　おそらく、税務当局の調査官が税務調査を行うときにも、海外取引をこのように仕分けするところから始めていると思います。

2 国際課税の諸制度が目指すところ

（1）国際課税の分野を構成する税制

　では、海外取引をした場合に、国際課税の制度が関係してくる部分とはどこでしょうか？

【図表2】国際課税の分野を構成する個別制度

	基本ルール	海外取引があれば適用の可能性あり
①	居住者・非居住者、内国法人・外国法人	
②	国内源泉所得の種類と課税方法	
③	租税条約	
④	外国税額控除	
⑤	外国子会社配当の益金不算入	
	租税回避防止ルール	主に海外子会社等との取引だけに適用の可能性あり
⑥	タックス・ヘイブン対策税制	
⑦	移転価格税制	
⑧	過少資本税制	
⑨	過大支払利子税制	

　国際課税制度の基本的な解説書の目次には、多くの場合、**【図表2】**のような個別制度が並びます。国際課税を体系的に学ぶ場合の標準的な項目立てです。ここに挙げたのは基本的なものだけですが、いかにも分かりにくそうなタイトルです。専門家を目指すのでもなければ、全てを体系的に覚えるのは大変でしょう。

　しかし、これらの個別制度は、海外取引を行ったら常にすべてが関係してくるわけではありません。居住者、非居住者などの納税者のステイタスや海外取引の状況によっては、全く関係してこない項目も多くあるのです。

（2）国際課税の3つの目的

　国際課税という言葉に明確な定義はありません。おおむね次の3つの目的を持った税制群の適用関係に関する、総体的な呼び方です。

目的1	**非居住者等の日本での課税関係** 非居住者や外国法人が稼いだ収入のうち、日本が課税する範囲（国内源泉所得）と課税の方法を定める
目的2	**国際的二重課税の排除** 居住者や内国法人が、日本で課税される所得に外国からも課税された場合に生じる国際的な二重課税を解消、緩和する
目的3	**国際的な租税回避行為の防止・是正** 日本で課税されるべき所得が課税されずに、外国に移転されてしまう（海外に流出する）ことを防止・是正する

　このうち、**目的1**の個別制度は【**図表2**】の①と②です。①は4種類ある納税者の区分の定めです。②は納税者のうちの非居住者と外国法人について、日本で課税になる収入の種類と、納税の方法（申告納税か、源泉徴収を受けるか）を定めています。非居住者等の収入で、日本で課税になるものを「国内源泉所得」といい、この範囲の定めが②の中心的な規定になっています。

　③の租税条約は、国内法に規定された非居住者等に対する課税の範囲を、条約を結んだ国同士の間に限って、軽減・免除する方向で修正するものです。内国法人にとっては、②と③の定めは自分の税金には本来関係ないのですが、非居住者等に支払をするときに源泉徴収が必要かどうかに関わってきます。

　目的2の個別制度は、【**図表2**】の④と⑤です。内国法人は外国で得た収入も日本で課税されますが、その収入に外国でも課税されることがあります。すると、同じ所得に複数の国から課税される「国際的二重課税」が生じますので、これを解消、軽減するための制度です。

　目的3の個別制度は、【**図表2**】の⑥〜⑨です。海外子会社などとの間で行われる「国際的な租税回避行為」を防止・是正する制度です。タックス・ヘイブン対策税制や移転価格税制が、代表的な制度です。

　国際課税制度が存在する目的は、突き詰めればこの3点です。これらをさらに大きくまとめれば、「各国が課税権を行使できる範囲を適切

に画すこと」、あるいは「各国の課税権を適切に配分すること」といえるでしょう。

（3）基本ルールと租税回避防止ルール

国際課税制度の目的を 3 つに分けました。**目的 1**（非居住者等の日本での課税関係）と**目的 2**（国際的二重課税の排除）が、国際課税の考え方の基本になるルールで、それらはすべて所得税法や法人税法などの本法に規定されています。本書では、これらの目的のための国際課税の諸制度（**【図表 2】**の①〜⑤）を合わせて、「基本ルール」と呼ぶことにします。

これに対して、**目的 3**（国際的な租税回避行為の防止・是正）のための各制度を、「租税回避防止ルール」と呼ぶことにします。これらは、本法による課税の特例として、租税特別措置法に規定されています。

基本ルール	▶ 非居住者・外国法人が日本で課税になる範囲（国内源泉所得）と課税の方法（源泉徴収や申告納税）を定める ▶ 国際的二重課税の排除方法を定める
租税回避防止ルール	▶ 国際的な租税回避行為を防止・是正するため、支配関係のある外国法人との取引等から生じる所得を、一定の基準や計算方法を使って見直す

基本ルールにおける国内源泉所得の定めは、そもそも非居住者や外国法人に対する日本の課税の範囲のことですので、居住者や内国法人自身の課税には、本来関係ありません。内国法人は全世界どこで生じた所得にも課税されますので、国内源泉所得というものを特に切り出す必要がないからです。外国法人だけが課税されて、内国法人なら課税されないという収入はありません。

しかし、非居住者等が国内源泉所得に該当する収入を得て、日本への納税義務が発生したときには、その収入の支払者が源泉徴収しなければならない場合が生じます。

ですから、非居住者等に支払をする者は、それが相手にとっての国内源泉所得に該当するかどうか、該当するなら源泉徴収をすべきものかどうかを、判断しなければなりません。支払者には、支払相手の税金に関する国際課税の適用の判断が求められているのです。

　また、基本ルールのうちの外国税額控除は、居住者や内国法人が外国で税金を支払うことによって、日本との間に国際的な二重課税が生じた場合に、それを軽減・解消するための制度です。

　これに対して租税回避防止ルールは、日本から外国に向けての、経済的な合理性のない課税所得の移転（流出）を防止・是正するものです。これを構成する個別の税制にはそれぞれ固有のターゲットがあって、各種の基準や計算方法を使って、日本から海外に移転された課税所得を算出し、日本の課税所得に加えます。

　この税制群は、原則として、支配関係のある外国法人との取引やその利益にだけ適用されます。若干の例外はありますが、海外に子会社や親会社を持たず、海外取引を純粋な第三者とだけ行っている内国法人であれば、この税制群の適用はまずありません。

3　国際課税における4種類の納税者

（1）課税を検討する納税者はどこの国の住人か

　【図表2】の①には、国際課税の出発点として、個人・法人合わせて4種類の納税者ステイタスが決められています。所得税法で居住者と非居住者、法人税法で内国法人と外国法人です。

　国際課税が分かりにくい原因の1つは、その中に4種類の納税者の課税が含まれているためでしょう。実務であれば、「誰の課税関係を考えるのか」が先にあるはずですが、勉強の対象となると個人の非居住者や内国法人が並列的に登場するために、話が飛んでわかりにくいように思われます。

しかし、このステイタスによって、日本で課税になる所得の範囲（納税義務）が全く違ってきます。整理すると次のようになります。

	全世界所得課税	国内源泉所得のみ課税
所得税（個人）	居住者 （日本に住所を持つ自然人）	非居住者（居住者以外）
法人税（法人）	内国法人 （日本に本店登記のある法人）	外国法人（内国法人以外）

居住者を判定するときの「住所」とは生活の本拠地をいい、原則として世界でただ1か所です。多くの個人にとっては問題なく判定できますが、大きな裁判になるような、判定が難しいケースも生じてきます。

一方、法人の区分は個人より単純で、日本で本店登記をしていれば内国法人、そうでない法人は外国法人です。

そして課税になる収入の範囲ですが、居住者と内国法人、つまり日本に住所や本店登記のある納税者は、収入が生じた国を問わずすべての所得が課税対象になります。

これに対して非居住者と外国法人は、日本の国内で生じた収入として税法にリストアップされている国内源泉所得だけが課税対象になります（所法161、法法138）。この課税の方法は、公益法人や人格のない社団等が、収益事業としてリストアップされている34種類の事業（法令5）から生じる所得に対してだけ課税されるのと似ています。

居住者や内国法人が、その人や法人に生じたすべての（全世界）所得に課税される「無制限納税義務者」であるのに対して、非居住者や外国法人は日本国内に源泉のある所得に対してだけ課税される「制限納税義務者」と呼ばれます。

（2）納税者ステイタスによって適用になる国際課税制度が異なる

ここで、4種類の納税者ステイタス別に、適用される可能性のある国際課税制度について見てみます。少々細かくなりますが、【図表3】で

【図表3】納税者ステイタス別の国際課税制度の適用可能性

図表2 の番号	個別制度	納税者の区分			
①	納税者の4区分	居住者	内国法人	非居住者	外国法人
基本ルール					
②	国内源泉所得の種類と課税方法	◎（注1）	◎（注1）	◎	◎
③	租税条約	◎（注1）	◎（注1）	◎	◎
④	外国税額控除	◎	◎	△（注4）	△（注4）
⑤	外国子会社配当の益金不算入	×	○（注2）	×	×
租税回避防止ルール					
⑥	タックス・ヘイブン対策税制	○（注2）	○（注2）	×	×
⑦	移転価格税制	×	○（注2）	×	△（注4）
⑧	過少資本税制	×	○（注2）	×	×
⑨	過大支払利子税制	×	□（注3）	×	□（注3）

（注1）支払う相手（非居住者や外国法人）の税金を、支払者が源泉徴収する際に適用する。

（注2）支配関係のある外国法人（要件は制度により異なる）がある場合、又はそことの取引に適用になる。

（注3）適用は支配関係のある相手との取引に限らないが、実質的には海外の関係者への支払利子が対象になる。

（注4）非居住者や外国法人が日本に有している恒久的施設（PE）に帰属する所得について申告納税する際に適用になる。

す。

　障害物レースに例えてみると、納税者ステイタスの4区分をスタート地点として、4本のトラックがあります。しかし、どのトラックを走るかによって、日本で課税になる所得の範囲や、個別税制の適用の有無が違ってきます。距離やハードルの数が違うのです。

　特に内国法人に関しては、海外に支配・被支配関係のあるグループ会

社を保有していると、ハードル数が一段と多くなります。租税回避防止ルールという名のハードルが増えるのです。それらは主に【図表3】の「○」の部分ですが、細かい要件は制度ごとに少しずつ違います。

一方、非居住者と外国法人にとっては、【図表3】の②（国内源泉所得の種類と課税方法）と③（租税条約）が中心的な規定です。これらの規定は、まさに非居住者や外国法人のためにあるものです。

ここで、非居住者や外国法人が日本国内に支店などの「恒久的施設（Permanent Establishment：以下、「PE」といいます）」を有している場合には、PEを通じて得られた所得（PEに帰属する所得）はすべて、国内源泉所得に該当します。非居住者や外国法人は、日本国内にあるPEを通じて事業を行っていれば、PE帰属所得について、内国法人と同じように、法人税の申告納税をしなければなりません。

このPEに係る申告をする場合に適用になる国際課税制度が、【図表3】の「△」の制度です。非居住者や外国法人が日本に保有するPEに対する課税を考える上では重要ですが、内国法人の課税とは全く別の問題です。

（3）海外拠点のない内国法人にとっての国際課税は基本ルールだけ

【図表3】は、4種類の納税者ステイタスごとの国際課税制度の適用可能性の比較でした。ここから、内国法人に関する部分だけを抜き出したものが【図表4】です。

表から一目瞭然ですが、納税者ステイタスを内国法人に限った場合、もし海外に支配関係のあるグループ会社がなければ、内国法人に適用の可能性のある国際課税の制度は、②・③の国内源泉所得の範囲（源泉徴収の場面）と、④の外国税額控除だけです。

租税条約は、国内源泉所得（＝支払者にとっての源泉徴収の要否）の検討の過程で深く関係してきます。また、外国税額控除は、内国法人が海外支店（PE）を有していて外国に申告納税しているか、外国から支

【図表 4】内国法人に適用の可能性のある国際課税制度

図表2の番号	個別制度	制度の目的	納税者の区分	
			内国法人	
			支配関係にある外国グループ会社	
①	納税者の区分	納税者の定義と納税義務	無	有
基本ルール				
②	国内源泉所得の種類と課税方法	非居住者・外国法人が課税される範囲	◎（注1）	
③	租税条約	締約国の国内法による課税を軽減	◎（注1）	
④	外国税額控除	同一の所得に対する国際的二重課税の排除	◎	
⑤	外国子会社配当の益金不算入	親子間配当から生じる国際的二重課税の排除	×	○（注2）
租税回避防止ルール				
⑥	タックス・ヘイブン対策税制	支配・被支配関係にある外国法人等との取引を通じて、日本の課税所得を過度に海外に移転（流出）させる行為の防止、是正	×	○（注2）
⑦	移転価格税制		×	○（注2）
⑧	過少資本税制		×	○（注2）
⑨	過大支払利子税制		□（注3）	

（注1）支払う相手（非居住者や外国法人）の税金を、支払者が源泉徴収する際に適用する。

（注2）支配関係のある外国法人（要件は制度により異なる）がある場合、又はそことの取引に適用になる。

（注3）適用は支配関係のある相手との取引に限らないが、実質的には海外の関係者への支払利子が対象になる。

払を受ける際に税金が源泉徴収された場合だけに適用があります。

　なお、⑨の過大支払利子税制は、形式上は取引相手（利子の支払先）が支配関係のある者に限定されていませんが、制度の実質は、海外の関

係者に支払う利子をターゲットにしているものです。

　このように、国際課税制度の適用場面は、海外に子会社やPEを有していなければ、かなり限定されています。海外取引をする度に、適用のない制度を過度に意識する必要はありません。

（4）租税回避防止ルールは海外拠点との取引を狙い撃ちにする

　ところが、いったん海外に子会社やPEを持つと、租税回避防止ルールの適用が始まって、国際課税のハードルの数が急に増えます。租税回避防止ルールの税制群がターゲットにする所得の海外流出のほとんどは、海外子会社等との取引を通じて生じています。そこで、この部分の取引を押さえるのが税制群の役目になっているからです。

　【図表5】は、租税回避防止ルールの税制群が防止しようとしている国際的な租税回避行為と、それらが適用になる可能性のある取引の概要です。各税制は、税負担の軽い国にあって事業実態の乏しい法人、外国グループ会社との取引価格や当事者の利益率、国外からの借入金に対する多額の利子の支払など、それぞれ独自のターゲットを持っています。税務調査等で否認が生じれば、子会社の所得の親会社への合算、独立した企業間の取引価格への引直し、支払利子の一部の損金不算入などを通じて、日本側の課税所得が増加します。

　さらに、これらの税制には、法人自身による申告前の適用の検討や必要な申告書別表の作成、検討に使った書類や記録の作成と保存、税務調査の際の当局への説明義務などについて、かなり細かい定めがあります。法人にとっては相当な事務負担になりますが、この傾向は近年拡大しています。適切な取引を行っていることに関する、納税者側からの説明責任が重くなってきているということです。

【図表 5】租税回避防止ルールの狙いと注意すべき取引等

図表2の番号	個別制度	防止・是正する租税回避（所得の国外移転）	注意すべき取引等
⑥	タックス・ヘイブン対策税制	軽課税国にある海外子会社における事業の実態に見合わない高い所得の計上、又は受動所得（利子・配当・使用料等）の発生	・経済的な合理性に乏しい海外子会社の存在 ・税負担 30％未満のペーパー・カンパニー ・税負担 20％未満の海外子会社が得る受動的所得
⑦	移転価格税制	国外関連者との取引が、第三者との取引と異なる相手有利な価格で行われたことによる日本側の課税所得や利益率の減少	・第三者と比べて国外関連者が有利な価格での取引 ・同規模の同業他社と比べて、利益率が高い海外子会社の存在
⑧	過少資本税制	外国株主（親会社）が、日本子会社の資本金を大きく上回る貸付けをし、支払利子を増加させることによる日本側の課税所得の圧縮・国外移転	・外国の株主や親会社からの多額の借入金 ・上記借入金が資本金の3倍超
⑨	過大支払利子税制	内国法人が、所得金額と比較して多額の利子を非居住者や外国法人に支払うことによる日本の課税所得の海外流出	・非居住者や外国法人に対する多額の支払利子 ・上記支払額が、おおむね「営業利益＋減価償却費」の 20％以上

4 消費税と国際課税

　ここまでの海外取引に関する各種のルールは、課税所得の計算と源泉徴収に係るものでした。しかし消費税は、法人税や源泉所得税とかなり性質が異なります。消費税は、所得の金額ではなく資産の譲渡等という「取引行為」を課税の対象とする間接税だからです。

　法人税では、多くの海外取引が国内取引の延長線上で課税の対象になっていますが、消費税は、国内で行われた取引だけを課税の対象にしています。このため、国境をまたぐ取引に対しては、国内取引と全く異

なる、特別の取扱いを用意しています。輸入消費税や輸出免税、内外判定、電気通信利用役務の提供に係る課税などです。

　これらの取扱いが、消費税における国際課税の部分といえるでしょう。関係する規定は、消費税法本法の中に点在していて、まとまりに欠けてはいますが、すべて本法の中に規定されています。租税特別措置法には僅かな例外的規定しかなく、租税条約はありません。現行の租税条約はすべて、所得に対する租税に関する条約になっています。

　したがって、消費課税の国際的な側面は、消費税法だけで判断することになります。消費税の課税の構造は比較的シンプルですので、取引が国境をまたぐときだけに生じる特殊な取扱いは、所得課税における国際課税の諸制度より理解しやすいかもしれません。

税制の目的と仕組みからリスクを考える

I 国内取引の延長で考える 海外取引と法人税

1 貿易取引をする

　支配関係のない相手との海外取引は、相手が外国にいるというだけの、ただの海外取引です。代表的な例は、支配関係のない相手と行う棚卸資産の輸出入、すなわち海を越えて品物が運ばれる、伝統的な貿易取引です。

　もちろん、相手との間に支配関係があれば租税回避防止ルールの射程に入りますが、ただの海外取引であれば、法人税法に基づいて、国内取引と変わらない検討をすることになります。しかし、適用する税法は同じでも、海外取引特有の事情に基づく注意点もあります。

（1）輸出の場合

　内国法人が棚卸資産を海外に輸出した対価を受領するときに、そこで相手国の課税を受ける、すなわち対価から源泉徴収されることは、ほとんどありません。相手国の税法にもよりますが、日本と租税条約が結ばれている国であれば、まずありません。外国に税金を払わないのですから、外国税額控除を検討する必要もありません。

　そうすると、残るのは普通の法人税の注意点です。売上計上のタイミングや仕入計上との整合性、値引きや貸倒れの処理など、基本的に国内取引と同じです。

　売上計上のタイミングは、原則的には目的物の引渡し又は役務を提供した日です。しかし、輸出取引は一般的な国内取引と比べて、国内での出荷から外国の取引先の手元に届くまでの期間が長く、途中には税関の輸出許可や複雑な代金決済を含む煩雑な手続がありますし、輸送中の商

品の損害リスクも高くなります。この一連の流れの中で、適切な引渡しの日を決めて、継続適用しなければなりません。

　法人税法では、資産の販売や役務提供の収益の益金算入時期は、目的物の引渡し又は役務を提供した日とされています（法法22の2①）。また、一般に公正妥当と認められる会計処理の基準に従って、引渡しの日に近接する日の属する事業年度の確定決算で収益計上した場合には、その年度の益金の額に算入することも認められています（法法22の2②）。

　引渡しの日そのものでなくとも、取引の経済実態からみて合理的な収益計上の時期の中から特定のものを選択し、継続適用している場合にはこれを是認するということです。

（2）輸出売上の計上時期とインコタームズ

　貿易取引では、FOBやCIFなどの、国際商業会議所（ICC）が国際的に統一・定型化した貿易条件（インコタームズ：International Commercial Terms）が多く使われます。インコタームズとは、貿易に伴って発生する各種費用の当事者間での負担範囲や、貨物の損害リスクが売主から買主に移転する時期に関する取決めを定型化したもので、11種類あります。FOBなら税務上の引渡しの日はいつ、とピンポイントで決まるわけではありませんが、引渡しの日やそれに近接する日を検討する上での、大きな材料になるでしょう（【参考】（139ページ）参照）。

　例えば、海路の輸出では、貨物は港との間の陸上輸送、保税倉庫やターミナルへの搬入、船積み、航海、荷卸し、通関や検査、相手国内での保管や輸送など、多くの段階を経ながら、輸出者から輸入者へと移動していきます。この間、輸出者・輸入者共に、商品に手出しができない期間も長くなります。そのような状況下では、「当事者のどちらが運送費用や貨物の損害リスクを負担するか」というインコタームズの視点は、引渡し日の合理性を考える上で重要な要素になるでしょう。

　リスク負担が移転するタイミングは、インコタームズの個々の貿易条

件によって異なります。リスクが輸入者に移転する時期が早いほど輸出者有利、遅いほど輸入者有利です。

しかし、ごく一部の貿易条件を除けば、費用と損害の負担が買主に移転するのは、すべての貿易条件で船への積込み以降になっています。

ということは、一般的には船積みの日を引渡しの日と認識することが無難と思われます。まだ買主の手元にはないが、少なくとも貨物が物理的に売主の手を離れ、責任負担も買主に移ったというタイミングです。

法人税基本通達にも、貿易取引における引渡し日の例として「船積みの日」が示されています（法基通 2-1-2）。

もし、輸出売上の計上日を船積みより後とする場合には、税務調査で、事業年度末における売上の計上漏れが指摘される可能性もありますので、それが引渡しの日（又はそれに近接する日）として合理的であるかどうかを、前もって検討しておく必要があるでしょう。

（3）輸入の場合

内国法人が棚卸資産を輸入すると、外国の売手（非居住者等）が事業として行う取引である限り、支払う代金は売手の事業所得になります。しかし、非居住者等の棚卸資産の販売による事業所得が日本で課税になるのは、非居住者等が日本に恒久的施設（PE）を有していて、それを通じて取引した場合だけです（法法 138 ①一、141、所法 161、178）。

これが事業所得に関する「PE なければ課税なし」の原則で、国内法とすべての租税条約に同様の規定が置かれています。したがって、日本に PE を持たない非居住者等に支払う商品の輸入代金を支払う際に、源泉徴収する必要はありません。

そうすると、外国から商品を輸入する場合も、やはり普通の法人税の注意点を検討することになります。

例えば、購入した棚卸資産や減価償却資産の取得価額には、引取運賃、荷役費、運送保険料、購入手数料、関税など、事業や販売の用に供

するために直接要した費用の額を含めることになっています（法令32
①、54①）。通関費用や保税倉庫の保管料など、資産の取得価額に含め
るべき付随的な費用は、貿易取引では特に多く発生します。

　棚卸資産の場合は、付随費用等の合計額が少額（購入の代価のおおむ
ね３％以内）であれば、取得価額に算入しないこともできます（法基通
5-1-1）。また、減価償却資産に係る付随費用を原価外で経理した場合に
は、その費用は償却費として損金経理した金額とされます。したがっ
て、それを含めて減価償却額を再計算した上で、償却超過額が出れば所
得に加算することになります（法基通7-5-1）。

（4）輸入商品の棚卸

　輸出と同様に輸入も、一般的な国内取引と比べて運送期間が長く、手
続等も煩雑になります。この点は、購入した商品等の棚卸計上漏れの問
題につながる恐れがあります。

　仕入の計上が先行する場合には、長い輸送期間の途中で事業年度末が
到来したときの在庫管理が重要です。まだ船の中で日本に向かっている
途中の商品（未着品）や、保税倉庫に入っていてまだ引き取っていない
商品、購入したまま海外の得意先に預けてある商品（預け在庫）など
が、棚卸から漏れてしまう可能性があるからです。

　このようなミスは、昔は時々聞きましたが、最近は会計や在庫管理シ
ステムの向上などで商品管理がしやすくなっていて、減少しているかも
知れません。それでも、スポット的な輸入取引などの場合には、十分な
注意が必要でしょう。

２　海外に費用を支払う

（1）説明資料や書類保存に気を遣うこと

　費用を海外に支払う場合も、支払先が支配関係のない第三者であれ

ば、国内取引と同様に、法人税法の規定で検討します。損金計上の時期
や、損金不算入の費用（交際費、寄附金等）に該当しないかなどです。

　販売費、一般管理費その他の費用を損金算入するためには、事業年度
終了の日までに債務が確定していなければなりません（債務確定主義：
法法 22 ③二かっこ書）。そのためには、事業年度内に（ア）債務が成立
している、（イ）相手からの給付（原因となる事実や成果物）が済んで
いる、（ウ）金額が合理的に算定できる、の 3 つの要件を満たすことが
必要です（法基通 2-2-12）。

　また、交際費や寄附金の判定についても、他科目に含まれている可能
性などの一般的な注意点は国内取引と同様です。

　しかし、ここで海外取引であるからこそ、実務的に注意したい点があ
ります。それは、海外取引に係る税務調査は、国内取引に比べて、証拠
書類の確認や現場担当者からの聴取などが、より具体的に深く行われる
ことが多いということです。取引の内容や相手に関する海外の情報が得
にくいことが、大きな理由です。国内なら、調査官は必要であれば取引
先に直接行って確認すること（反面調査）までできますが、取引先が海
外ですと、国内のように簡単にはいきません。また、海外取引の税務処
理には単純なミスも多い、という実情もあります。

　費用の支払先、取引の内容、決済状況等を示す証拠書類や取引記録な
どを、しっかり収集・整理・保管しておき、必要とあれば海外の事情ま
で含めて、日本側で説明できるくらいの体制が取れていれば安心です。

（2）海外渡航費

　社員が海外渡航をする場合の旅費等は、法人業務の遂行上必要なもの
で、通常必要と認められる金額の部分が、旅費（損金）として経理でき
ます（法基通 9-7-6)。

　ここでの旅費とは、運賃、宿泊費、日当、支度金等のことです。した
がって、出張中に別途支払ったその他の費用等は、それぞれ個別に、給

与や交際費等の該当性等を検討する必要があります。

　また、出張に「業務の遂行に必要と認められる期間」と「そうでない期間（観光等）」が含まれている場合は、旅費全体をそれらの期間の比などで按分した上で、前者は旅費、後者は給与となるのが基本です。給与となれば源泉徴収が必要になりますし、役員に対する臨時給与であれば損金不算入です（法法34①）。

　これに関しては、法人税基本通達に次のようなルールがあります（法基通9-7-6㊟、9-7-9）。

▶　おおむね全期間が業務（休日等の余暇に観光した程度）である場合には、全額を旅費（損金）にできる。

▶　出張の直接の動機が業務であれば、旅費のうちの往復運賃については按分の対象にせず、全額を旅費（損金）にできる。

　なお、同業者団体等が主催する視察旅行等については、国税庁「平成12年10月11日付課法2-15他2課共同『海外渡航費の取扱いについて』（法令解釈通達）」に、検討と計算の要領が示されています。団体旅行を前提とした通達ですが、ここで示された計算方法は個別の出張にも応用できますので、おおむねこれに基づいた処理になっていれば、問題ないと考えられます。

（3）交際費

　交際費の損金不算入の考え方も、国内・海外で違いはありません。隣接費用との区分や、通達に記載されている例示の適用なども同様です。

　海外に駐在員事務所や支店がある場合には、そこで支払われる交際費も、日本の本店における限度額計算等に含める必要があります。円貨への為替換算は、取引（飲食）日のレートが基本です。

　接待飲食費なら、会合があったことを見落とさなければいいのですが、取引の開拓や受注に関係する情報提供料、紹介料、謝礼金などは、取引の経緯や内容をよく見ないと、交際費かどうかの判定がしにくい場

合もあります。

　情報提供料等は、正当な対価と認められれば交際費にはなりません。そのためには、（ア）あらかじめ締結された契約に基づき、（イ）その契約で決められた具体的な役務を受けており、（ウ）その対価が相当の金額である、という要件を満たす必要があります（措通61の4(1)-8）。

　駐在員事務所や海外支店の支出まで本店の経理のチェックが届かなかった、などという状況が生じないようにしたいところです。海外に対する支払の損金性は、税務調査で非常に注目されるポイントの一つですので、証憑書類を丁寧に残し、取引内容を整理しておくことが重要になります。

3　海外子会社を財務支援する

(1) 子会社支援と寄附金

　寄附金とは「資産又は経済的な利益の贈与又は無償の供与」で、その価額は贈与等をしたときの時価（客観的な市場価値）とされています（法法37⑦）。資産の譲渡や経済的利益の供与で対価を授受しても、それが時価より低い場合には、その差額のうち、実質的に贈与又は無償の供与と認められる金額が寄附金となります（低額譲渡：法法37⑧）。寄附金は、国等への寄附金や指定寄附金は金額損金になりますが、それ以外のものは、支払者の資本金と所得金額を基に計算した損金算入限度額を超える部分が、損金不算入になります。

　海外の相手に支出する寄附金でも、相手が第三者であれば損金不算入額の計算は同じです。

　ところで、海外取引と寄附金という観点からは、業績不振の海外子会社に対する経済的な支援の税務処理の問題があります。長引くコロナ禍の厳しい状況下で、親会社が業績不振の海外子会社の支援を検討する場面が生じることもあるでしょう。

親会社が行う子会社への財務的な支援には、無利息や低利の融資、債務免除、資産の低廉譲渡、支払の肩代わりなど多くの形態がありますが、いずれも寄附金に該当します。しかも、相手が移転価格税制上の国外関連者（出資が50％以上等の支配関係にある外国法人：措法66の4①）の場合には損金算入限度額の計算は行われず、全額が損金不算入になってしまいます（措法66の4③）。

　第三者に対する寄附よりも厳しい課税になるわけですが、これは、寄附金課税と移転価格課税とのバランスを取るためです。この点は税務調査でも重要な確認事項であり、実際に指摘される事例が多い部分です。国際課税の基本的な考え方である「親子は他人」が、寄附金課税にも表れています。

（2）子会社の整理・再建と寄附金

　子会社への財務支援は寄附金が原則ですが、例外的に、子会社の解散や営業譲渡、経営危機に陥った子会社の倒産防止など、やむを得ない状況下で行う一定の財務支援額は、寄附金の額に含まれない場合があります。法人税基本通達は次のように示しています。

法人税基本通達9-4-2（子会社等を再建する場合の無利息貸付け等）

　法人がその子会社等に対して金銭の無償若しくは通常の利率よりも低い利率での貸付け又は債権放棄等（……「無利息貸付け等」という。）をした場合において、……例えば業績不振の子会社等の倒産を防止するためにやむを得ず行われるもので合理的な再建計画に基づくものである等……相当な理由があると認められるときは、その無利息貸付け等により供与する経済的利益の額は、寄附金の額に該当しないものとする。

この通達は、経営危機の子会社を再建する場合に、寄附金課税や移転価格課税を回避する強い味方になりますが、その分、相当に厳しい要件が課されています。「これくらい厳密な内容でなければ寄附金に該当する」という、裏側からの判断材料にもなると思います。

　なお、子会社等の解散等に伴う損失負担額等についても、同様の通達があります（法基通9-4-1）。

　キーワードは、「支援に相当な理由がある場合」と、「合理的な再建計画」です。相当な理由とは、損失を負担することの経済的な合理性ということです。損失負担が単なる贈与ではなく、より大きな損失を回避するための、合理的で正常な条件に基づく費用の支出と認められる場合です。

　国税庁ホームページ の質疑応答事例「合理的な整理計画又は再建計画とは」には、この通達を適用する場合の7点の検討項目が示されており、これらを総合的に検討して、支援の経済合理性を客観的に示したものが、合理的な再建計画ということになります。

　税務当局は、日本の課税所得が過度に海外流出することの防止に力を入れており、税法もそのようにできています。財務支援は、言ってみれば所得を海外に移転する簡単な方法ですので、経済合理性を欠いた支援がそのまま日本の損金になってしまわないように、再建計画の合理性は厳重にチェックされます。

　なお、上記基本通達の適用がある場合は、寄附金だけでなく、移転価格税制の対象にもなりません（移転価格事務運営要領3-7(1)(注)1、3-20(注)）。通達の要件を満たせば、寄附金課税からも移転価格課税からもフリーになるということです。

（3）寄附金と移転価格税制

　上記のとおり、移転価格税制には、国外関連者に対する寄附金は全額が損金不算入になるという条文があります（措法66の4③④）。これに

よれば、少なくとも国外関連者に支払った寄附金の損金不算入と移転価格課税は明らかに別物で、寄附金は移転価格課税の対象外であり、それに優先して損金不算入になるということです。

しかし、他人には100円でするサービスを海外子会社に無料でする場合、どちらの税制に基づいても100円の所得増加が指摘されそうです。両者は非常に似ていて、しかも実務的にその境目がはっきりしない場合があります。税務調査においても、事実関係や当事者の認識次第で、どちらの指摘になることもあり得ます。両者を区別する基準や考え方は昔から検討されてきましたが、なかなかすっきりした結論は見られません。

国税庁ホームページに掲載されている「移転価格税制の適用に当たっての参考事例集」の中の「事例28：国外関連者に対する寄附金」では、海外子会社（国外関連者）に対して役務を提供し、対価を受領する契約があるが、財務的に支援するため、当事者の合意によって親会社が対価を収受しない場合には、無償の供与と認められるから寄附金に該当する、と説明されています。

この例では、相手に役務をタダで提供してあげたい思いが明らかなので、誰が考えても寄附金といえるでしょう。しかし、もともと契約がなかった場合（親会社が役務を一方的に提供した場合）はどうなるかという点については、「寄附金に該当しないこともあり、そのときには移転価格課税を検討する」と、歯切れの悪い説明になっています。

個人的には、支払者側における「相手にタダであげたい思い」が資料や事実関係から明らかに認識できる状況なら寄附金課税、そうでない場合に移転価格課税の対象になると考えていいと思います。

4 海外拠点を設置する

(1) 駐在員事務所の設置

　海外事業展開の方法としては、子会社、支店、駐在員事務所の設置などがあります。

　子会社は親会社とは別人格ですが、支店や駐在員事務所は本店と同一人格（本店の一部分）です。税法では、海外進出の形態が子会社か支店かによって課税の結果が大きく違ったりしないような配慮が随所で見られます。税法が、海外進出形態の決定にできるだけ影響を与えないようにする（中立である）ためです。それでも人格が同じか否かによって、課税が異なる場合も生じてきます。

　海外進出の第一歩として、現地国の事業環境や市場に関する情報収集等を行うために、駐在員事務所を設置するケースも多いと思われます。駐在員事務所は、支店や子会社と比べて小規模で、一般的には現地での法人税の課税対象にもなりません。

　それでも外国税務当局は、関心を持って見ています。なぜなら、駐在員事務所の活動が「ある一線」を超えると所在地国の法人税の課税対象になり、申告納税義務を課すことができるからです。

　これは、国際課税の重要な概念である恒久的施設（PE）と関係しています。小さくとも海外に拠点を持つということは、国際課税との本格的な関わりが生じるということなのです。

(2) PE あれば課税あり

　X国で子会社を設立すれば、子会社は日本の親会社とは別人格の、れっきとしたX国の住人です。ですから当然、その所得は原則として子会社だけのものですし、それをX国税法に従って申告納税することになります。

　一方、X国に支店（PE）を設置した場合は、子会社を設立したのと

同じように X 国で申告納税しなければならない上に、支店は本社の一部分ですので、その所得は本社の日本での申告にも含められます。したがって、支店の所得に対して国際的な二重課税が生じますが、これは日本の本社の法人税申告の中で、外国税額控除を受けることができます。

　ある国に非居住者や外国法人の PE がある場合には、その国はその PE を通じた事業活動から非居住者等が得た収入について課税できるというのが、国際課税の原則です。PE は独立した法人と同じように扱われ、PE の収入は「PE に帰属する所得」といわれます。

　日本の税法では、この PE 帰属所得が国内源泉所得に該当します。所得税法でも法人税法でも、国内源泉所得の種類を列挙した条文の、第 1 番目に示されています（所法 161 ①一、法法 138 ①一）。これにより、PE が存在する国は、PE を通じて非居住者や外国法人が稼ぐ事業所得に課税できるのです。「PE なければ（事業所得には）課税なし」の原則ですが、言い換えれば「PE あれば課税あり」ということです。

（3）PE の種類

　PE には【図表 6】のような種類がありますが、その基本形は支店、工場、研究施設など、「事業を行う一定の場所」（【図表 6】の事業所 PE）です。これは建物、部屋、机など、人が働く物理的な場所で、そ

【図表 6】恒久的施設（PE）の種類

種類	例示（法令 4 の 4）
事業を行う一定の場所 （事業所 PE）	事業の管理を行う場所、支店、事務所、工場、作業場、天然資源を採取する場所、その他事業を行う一定の場所
長期の建設現場 （建設 PE）	建設・据付け工事又はこれらの指揮監督の役務提供が 1 年を超えて行われる場所
契約締結代理人 （代理人 PE）	本人に代わって、反復して契約締結又はそのために主要な役割を果たす者（独立して通常の方法で行う者を除く）
その他（例外的な PE）	一定の役務提供活動、天然資源の探査など

こを通じて実際に事業が行われる場所のことです。この他にも建設 PE や代理人 PE などがありますが、これらは取引の実情に合わせた派生形です。

日本に PE があるかないかの判定とは、非居住者や外国法人が日本で稼ぐ事業所得に対して、日本が課税できるだけの「日本とのつながりの深さ」があるかどうかを判定することです。PE があれば、非居住者等の事業所得に課税できるほどの強い結びつきがあるわけです。PE の存在は、事業所得に対して課税できる「閾値（いきち）」ともいわれます。

また、課税の根拠となるようなその国とのつながりや結びつきは「ネクサス（nexus）」ともいわれ、PE の判定以外の場面でも、課税の可否を考える場面でよく使われる言葉になっています。

PE の存在の判定や、そこに帰属する所得金額の計算方法は、昔から国際課税上の大きなテーマになっています。

（4）駐在員事務所はどうして課税されないのか？

駐在員事務所の課税と関係するのは事業所 PE です。事業所 PE とは事業を行う物理的な場所で、代表的な例は支店です。駐在員事務所も、現地国でオフィスを借りて看板を掲げ、駐在員が常駐して情報収集などの事業の一部分を行う場所です。にもかかわらず、支店と違って駐在員事務所が課税（申告納税）の対象とならないのはなぜでしょうか？

PE は、国際課税の中でも歴史と伝統がある重要なルールで、国際的に定着しています。そのルールの中に、「事業を行う一定の場所であっても、そこを通じて行われる活動が、その事業にとって準備的・補助的な活動だけである場合には、そこは PE に該当しない」という除外規定があるのです（OECD モデル租税条約 5、法令 4 の 4 ④等を参照）。

「準備的・補助的」とは、ずいぶんと抽象的な言い回しです。OECD はその基準を、「その場所で行われる活動が、企業が行う事業全体から見て、本質的で重要な部分を形成するかどうか」で判定するとしていま

すが、これでもまだ漠然とした感じです。

　駐在員事務所はPEではありますが、自前の活動で本業の収益に直接貢献しておらず、費用を使うだけの場所です。間接的には本社の利益に何らかの貢献をしているはずですが、所在地国とのネクサスの強さが、課税主体とするまでに至らないということです。

　準備的・補助的な活動の例としては、【図表7】のような具体例が示されています。しかし、実際の判定は個別性が高く、事実の認定によるところが大きいものです。

　多くの国では、駐在員事務所の開設には登録等が必要で、その条件として、営業活動や本業に関する契約締結などの直接的な利益獲得活動が制限されています。駐在員事務所が課税されないのは、そう名乗るからではなくて、その活動（果たしている機能）がPEの例外に該当するからです。

【図表7】準備的・補助的な活動の例（法令4の4④⑤）

・商品や在庫の保管、展示、引渡しのためだけの場所 ・物や商品を購入することのみを目的として保有する場所 ・情報を収集することのみを目的として保有する場所
ただし、その活動が、その事業の遂行にとって準備的又は補助的な性格のものである（本業の活動に該当しない）場合に限る。

（5）海外支店の課税

　海外支店（PE）の設置とは、相手国に対する、そこに腰を据えて事業を行うことの意思表示です。国によって異なりますが、登記や現地法令の許認可をはじめとして、多くの準備事務が必要になります。

　海外支店には現地法人と同じように、現地法令に基づいた法人税等の申告納税義務が生じます。同様に、外国法人の日本支店も日本から法人税の課税を受け、申告納税する必要があります（法法138①、141）。

　課税標準となるPEの所得に関する世界標準の考え方は、「その支店が独立した企業であるとしたら生じるべき所得」というものです。独立

企業原則と呼ばれます。

　この考え方に基づいて、PE が果たす事業上の機能、引き受けるリスク、使用する資産などを総合勘案し、仮想的な資本金を PE に配賦したり、本店等との間で行われる内部取引を適切に損益認識したりする作業を通じて、PE 帰属所得を計算することになります。場合によっては、現地法人の課税所得計算より面倒です。しかし、日本を含む多くの国で、この考え方に立脚した税法や租税条約を有しています。

　一方、これと異なる国内法を有していたり、租税条約の規定が古いままだったりする国では、上記のような最新の考え方とは異なる計算が行われる場合もあります。海外支店を持つときには、現地の法令と租税条約の確認が不可欠です。

5　外貨建取引を換算する

（1）換算は決まりの世界

　海外取引に共通して生じる問題として、外貨建取引の為替換算があります。

　外貨の円貨への換算は、「こういう時はこのように換算する」という決まりの世界といえます。しかし、外貨建資産や負債の種類ごとに期末の換算方法を検討して届出書を出しておいたり、社内レートを継続適用したりすることで、税務処理が違ってくる場合もあります。

　外貨建てで行った取引の円換算を意識する場面は、基本的に 3 回あります。（ア）取引をしたとき、（イ）外貨建ての債権・債務（売掛金や買掛金等）が期末に残っているとき、そして（ウ）実際に決済されたときです。

　損益科目としての計上額の換算は（ア）の 1 回きりですが、同時に計上される貸借科目である債権や債務が決済前に期末を迎えて、残高として残っているときには、税法所定の方法で換算替えをしなければなり

ません。このときに為替差損益が生じます。これは翌期に洗替になりますが、最後にそれらが決済されるときの為替レートによって、再度為替差損益が生じます。

（2）取引時の換算と社内レート

　外貨建取引とは、外国通貨で支払が行われる資産の販売、購入、役務提供、金銭の貸借、剰余金の配当その他の取引です（法法61の8）。外貨で支払われる限り、海外取引ではなく国内の相手との取引であっても、外貨建取引の規定が適用になります。

　取引の際の換算レートには、原則としてその取引を計上すべき日の、その通貨の電信売買相場の仲値（TTM）を使います（法法61の8①、法基通13の2-1-2）。

　しかし、取引時でも期末の換算でも、当日のTTMのスポットレートに代えて、一定の範囲内での「社内レート」を設定して使用することができます。例えば、取引月の初日のレート、前月の平均レート、1か月以内の一定期間における平均レートなどで、多くの会社がこの方法を使っていると思います。

　社内レートの使用に際しては届出等の必要はありませんが、継続適用が条件となっています（法基通13の2-1-2、13の2-2-5）。

（3）期末時と決済時の換算

　外貨建ての取引から生じた資産や負債が期末時点で残っている場合は、換算替えが必要になります（法法61の9）。外貨建資産・負債の期末の換算方法には、「期末時換算法」と「発生時換算法」があります（法法61の9①一イ、ロ）。

　前者は債権・債務を期末のレートで換算し直して、取引時の換算額との差額を為替差損益に計上する方法です（法法61の9②）。為替差損益は益金又は損金となりますが、翌期首で洗替処理になります（法令122

の8①)。

　一方、後者は、取引時の換算額をそのまま期末の換算額とする方法です。したがって、期末時換算を行わないのと同じことになります。

　これらの換算方法は選択できますが、適用する事業年度の確定申告期限までに届け出なければなりません（法令122の5）。届出がない場合は、法定の方法を使うことになります。法定方法は、短期（翌期首から1年以内に支払期限が来るもの）の外貨建債権・債務では期末時換算法、長期（短期以外）の外貨建債権・債務では発生時換算法になっています（法令122の7）。

　なお、為替予約や通貨スワップ等を使って外貨建債権・債務の将来の円換算額を確定させた場合や、外貨建の有価証券を保有している場合の期末換算等には、それぞれ異なる税務処理があります（法法61の8②、61の9①二他）。

　また、消費税法では、外貨建ての取引に係る資産の譲渡等の対価の額は、所得税又は法人税の規定に基づいて計上すべき円換算額によることとなっています（消基通10-1-7）。為替差損益は、資産の譲渡等の対価の額や課税仕入れに係る支払対価の額には含まれないため、消費税の課税の対象にはなりません（不課税）。

Ⅱ 海外取引と源泉徴収

1 源泉徴収するのは取引相手が日本に払う税金

(1) 非居住者等に対する源泉徴収の意義と重要性

　非居住者等に対する源泉徴収とは、非居住者等が日本で課税になる収入（国内源泉所得）を得たときに、非居住者等が日本に納付すべき税金を支払者側で天引きして、相手に代わって納税する仕組みです。

　したがって支払者は、まず「支払う相手が非居住者等であるか」、そして「この支払が相手にとって日本の課税対象（国内源泉所得）になるか」という国際課税のルールを知り、次に「それが源泉徴収の対象になるか」を判断して、これを見逃さずに適正な税率で源泉徴収しなければなりません。面倒な話ですが、非居住者等に対する源泉徴収は、国際課税の最前線です。

　国内取引でも源泉徴収が必要な場面は多いですが、非居住者等が相手となると、対象となる範囲や税率が違ってきます。そして源泉徴収を忘れたり、税率を誤って徴収不足があったりすると、追徴税額から不納付加算税まで、本来の納税者（非居住者等）ではなく源泉徴収義務者（支払者）に降りかかってきますので、十分な注意が必要です。

　加えて、非居住者等に対する源泉徴収の中には、それだけで日本側の課税が完結するものもあります。この場合には、源泉徴収が非居住者等に対する最終的な課税となりますので、日本の税収という観点から、非常に重要な事務といえます。

　とはいえ、海外向けの支払が常に源泉徴収の対象になるかというと、実はそうでもありません。一般的な事業法人であれば、源泉徴収すべき支払はかなり限られてきます。種類としては不動産の譲受対価や賃借料

の支払、投資を受けた対価（利子、配当、使用料）の支払、人的役務の提供を受けた対価の支払などです。これらの中にも、国内法や租税条約によって源泉徴収しなくて済むものもあります。以下は、源泉徴収すべき限られた支払を見逃さないようにするための話です。

（2）国内源泉所得の規定は所得税法にも法人税法にもある

　非居住者等が日本で課税になる国内源泉所得は、所得税法に 17 種類（所法 161 ①一～十七）、法人税法に 6 種類（法法 138 ①一～六）が定められています。これらが国内源泉所得の基本リストです。このうち法人税法の国内源泉所得は、外国法人がこれらの収入を得た場合に、法人税を申告納税する義務が生じるものです。これは外国法人自身の税務ですから、支払者の源泉徴収には関係ありません。

　支払者の源泉徴収に関係するのは、所得税法の国内源泉所得です。これらの収入を得る者は、それが非居住者でも外国法人でも、所得税の納税義務が生じます。外国法人にも所得税がかかるのです。

　所得税の課税方法は、非居住者の場合は源泉徴収か総合課税（確定申告）、又はその両方になりますが、外国法人の場合は源泉徴収だけです。このとき、外国法人が法人税法の国内源泉所得に該当する収入も得ていれば、法人税の申告納税も必要になります。その場合には、源泉徴収された所得税は法人税申告の中で精算されることになります。

　支払者の観点からは、支払う相手が非居住者でも外国法人でも、源泉徴収が必要なのは所得税法の国内源泉所得だけです。その範囲は「所得税法第 161 条第 1 項第 4 号から第 16 号まで」です（所法 212 ①）。当然ながら、外国法人に対しては第 12 号（給与所得等）はありません。

　源泉徴収する税率は、ほとんどの場合は 20.42 ％です（所法 213）。

（3）源泉徴収が必要な国内源泉所得

　所得税法でリストアップされた 17 種類の国内源泉所得（所法 161 ①

一〜十七）に係る課税関係と方法は、国税庁が毎年公表している「源泉徴収のあらまし」の「第10　非居住者又は外国法人に支払う所得の源泉徴収事務」の中の「(表2)【非居住者に対する課税関係の概要】」と「(表3)【外国法人に対する課税関係の概要】」（令和5年版では274、275頁）に整理されています（国税庁HP：https://www.nta.go.jp/publication/pamph/gensen/aramashi2022/index.htm)。

　これは詳細かつ正確で、最も良くまとめられた表です。しかし、非居住者と外国法人の課税関係と、支払者の源泉徴収関係がすべて盛り込まれていますので、慣れないと少々読み取りにくいかもしれません。

　17種類の国内源泉所得のうち、支払者が源泉徴収しなければならないものは13種類もあります。4号から16号です。しかしこの中には、

【図表8】相手が非居住者・外国法人である場合に源泉徴収が必要になる主な支払

国内源泉所得の種類			源泉徴収税率	納税の方法
		所法161①	所法213	所法164
（ア）	国内にある土地等の譲渡対価	五号	10.21％※	源泉徴収の上で申告
（イ）	国内で行われる人的役務の提供事業の対価	六号	20.42％※	源泉徴収の上で申告
（ウ）	国内にある不動産の賃貸料等	七号		源泉徴収の上で申告
（エ）	内国法人が支払う配当等	九号		源泉徴収で終了
（オ）	国内で行う業務に係る貸付金の利子	十号		源泉徴収で終了
（カ）	国内で行う業務に係る使用料等	十一号		源泉徴収で終了
（キ）	国内で行う勤務や役務に基因する給与その他の報酬等	十二号		源泉徴収で終了

※復興特別所得税を含む

組合契約事業の利益配分や、生命保険契約に基づく年金等など、その支払が特定の事業等に限られるものもあります。

　そこで試みに、一般的な事業法人において支払が生じそうな、代表的なものを抜き出してみたものが【図表8】です。

2　源泉徴収すべき主な支払の種類

　【図表8】にまとめた7種の支払は、少なくとも国内法上は源泉徴収しなければならないものなので、経理担当としては見落とせません。一般的な事業会社で注意すべき支払は、ほとんどこの範囲でカバーされると思います。

　そこでこれらの支払を、整理のためにさらに3つのグループに区分して（【図表9】）、個々の源泉徴収の内容や要注意事項などをもう少し考えてみます。

【図表9】国内法で源泉徴収が必要な支払のグルーピング

グループ	【図表8】の区分
不動産関係のグループ	（ア）土地等の譲渡対価、（ウ）不動産の賃貸料等
投資リターンのグループ	（エ）配当等、（オ）貸付金利子、（カ）使用料等
人的役務関係のグループ	（イ）人的役務の提供事業の対価、（キ）給与その他の報酬等

　なお、以下の課税関係は、あくまで国内法に基づく課税です。日本と、支払相手が居住者になっている国との間に租税条約がなければ、国内法による課税が最終的な課税になります。しかし、租税条約がある場合には、国内法の課税内容が修正されて、源泉徴収税率が軽減されたり、源泉徴収が不要になったりする可能性が大いにあります。租税条約による修正については、項目を改めて取り上げていきます。

（1）不動産関係の支払

　土地・建物などの不動産は、国の根幹をなす資産で、経済とも強く結びついています。そこで、日本を含む多くの国は、非居住者が行う国内不動産の譲渡や賃貸から生じる所得に対して、課税権を確保しています。租税条約もこの内容を認めていますので（例：OECD モデル租税条約6）、不動産関係の課税は国内法の内容で確定することになります。

　【図表9】の（ア）については、非居住者等が保有する国内の土地又は土地の上に存する権利、建物や附属設備、構築物などの譲渡を受ける場合に、支払う対価が譲渡者の国内源泉所得となります。対価の支払者は源泉徴収（10.21％）をしなければなりません。

　ただし、譲り受けた不動産が自己又は親族の居住用で、対価が1億円以下であれば源泉徴収は不要になります。この源泉徴収は、非居住者等が土地を売却して高額の利益を得ているにもかかわらず、国外に出るなどして申告納税しないケースが多く見られたことから、平成2年に定められたものです。

　（ウ）については、非居住者等が保有する、国内にある不動産やその上に存する権利の貸付けによる対価が国内源泉所得となります。対価の支払者は源泉徴収（20.42％）をしなければなりません。

　そして、（ア）と（ウ）の不動産関係の国内源泉所得は、支払者が源泉徴収を行う他に、譲渡者である非居住者も外国法人も、日本に恒久的施設（PE）があってもなくても、申告納税をしなければなりません（所法164①、法法141）。源泉徴収された所得税額は、申告で精算されます。

　ところで、不動産の譲渡や賃貸だけには限りませんが、源泉徴収を適切に行うためには、相手が非居住者や外国法人であることを、まず確かめなければなりません。一般的には譲渡契約や賃貸契約を結ぶまでに判定できることが多いと思われますが、的確な判断が難しい場合もあるかも知れません。この点では、不動産業者に対して、非居住者か否かを確認すべき注意義務を尽くしていなかったとする裁判例（東京地裁平成

28 年 5 月 19 日、税資 266 号（順号 12856））もあります。判決では、「注意義務を尽くしたが非居住者だとわからなかった」場合にも源泉徴収の義務があるのか（源泉徴収義務者への追徴課税があるのか）否かは、判断されていません。しかし、少なくとも海外の取引先は非居住者等に該当する、という認識で税務処理を考えるべきでしょう。

（2）投資リターンの支払

　（エ）配当等、（オ）貸付金利子、（カ）使用料等は、投資や金融取引から生じる収入の代表です。これらは「足の速い所得」と呼ばれます。製造業や店舗での小売業などの地に足の着いた事業に比べて、所得が発生する場所（国）を、比較的容易に設定したり変更したりできるからです。

　ある国が課税しようとすると、さっさと他の国に逃げてしまう足の速い所得に対する課税は、国際課税の分野での大きな課題になっていますが、一般的な対策として、支払が行われる際に源泉徴収が行われます。非居住者等が受けるこれらの支払はいずれも国内源泉所得となり、対価の支払者は源泉徴収（20.42 ％）をしなければなりません。

　しかし、リターンの支払者の立場で考えれば、このうちの（エ）の配当等は株主に非居住者等がいなければ生じませんし、（オ）の利子は非居住者等から借入をしない限り生じません。

　なお、金融機関の預貯金等に係る利子の支払は、（オ）とは別の国内源泉所得（所法 161 ①八）に該当し、源泉徴収が必要になりますが、これは金融機関だけの問題です。そうすると、一般的な事業法人にとって一番ありそうな支払は、（カ）の使用料等かも知れません。

　使用料とは、特許権などの工業所有権や著作権、ノウハウなどの使用料（ロイヤリティ）ですが、国内法では、「使用料」というときに「譲渡の対価」も含まれるところに注意が必要です（所法 161 ①十一イ、ロ）。この他に、機械装置や車両などの使用料もここに含まれます（所

法 161 ①十一ハ）。

IT 時代を反映して、知的財産権の譲渡や貸付けに係る海外取引は、今後も増加していくと思います。対価に対しては、国内法では必ず源泉徴収が必要になります。

とはいえ、配当、利子、使用料等は、租税条約でほぼ確実に軽減あるいは免除されますので、租税条約が結ばれている場合は、その確認が欠かせません。

（3）人的役務提供に関係する支払

（イ）人的役務の提供事業の対価と（キ）給与その他の報酬等は、いずれも人による役務の提供の対価の支払です。

（イ）は、芸能人や職業運動家、士業などの専門職業者、科学や経営分野の専門的知識や技能を有する者を使って役務を提供する「事業を行う者」に支払う対価です。これに対して（キ）は、給料や報酬など、人的役務を実際に提供する「本人」に対して支払われる対価です。人を使う組織に対する支払か、実際に働く本人に対する支払かの違いです。

いずれも、役務が日本国内で提供されれば国内源泉所得に該当し、源泉徴収が必要になります。ですから、外国にいる専門家に国際電話だけでコンサルティングを受けても、相手が来日して役務を提供しない限りは、その支払は国内源泉所得に当たらず、源泉徴収しなくていいことになります。

なお、この点は、役務提供に関する消費税の内外判定（役務提供の場所が国外なら不課税、国内なら課税）と似ています。

（キ）の給与・報酬に係る源泉徴収で生じる問題としては、内国法人が、非居住者である社員に給与等を支払う場合が典型的なものです。海外に子会社や PE を保有すれば、日本の社員が海外に出向したり、現地在住のローカル社員を採用したりして、給与や報酬の支払相手に、非居住者である社員が登場してくるでしょう。

非居住者が得る給与や報酬は、日本国内で行われた勤務又は役務提供等に対応する部分だけが国内源泉所得になり、課税の対象になります（所法161①十二）。

　この課税は、コロナ禍で急にクローズ・アップされました。普段は外国で勤務していて、日本国内での勤務が行われていないために給与が国内源泉所得に該当せず、日本の課税が生じなかった非居住者社員が、日本に一時退避帰国してきてリモートで勤務した結果、日本での勤務に対応する給与が国内源泉所得に該当し、課税関係が生じることになったからです。

（4）非居住者である社員への給与の支払

　非居住者である社員とは、①海外の支店や駐在員事務所など、自社の一部分である（子会社ではない）事業拠点で勤務する社員や、②海外子会社等に日本から出向している社員などです。国外で継続して1年以上居住することを前提として海外赴任すると、非居住者と推定されます（所令15①）。

　①の場合は、給与はすべて内国法人が支払うでしょう。②の場合は基本的に出向先の子会社等が支払うでしょうが、日本の親会社（出向元）から、給与の格差補填金や留守宅手当（法基通9-2-47）、日本で兼務している親会社の役職に対応する給与などが支払われることもあるでしょう。

　①や②のような非居住者の社員に対して支払われる給与等のうち、日本国内で行われた勤務に対応する部分だけが国内源泉所得に該当して課税されます（所法161①十二）。言い換えれば、その社員が海外に行きっきりで、日本国内で勤務をしない限り、給与は日本で課税されません（もちろん、駐在先の国の税金はかかります）。したがって、日本国内で給与や留守宅手当等を支払っても、源泉徴収の必要はありません。

　しかし、非居住者である社員が一時的に日本に戻って勤務すると、日

本で行った勤務に対応する給与が所得税法上の国内源泉所得となって【図表9】の（キ）に該当し、課税が生じることになります。

　国内源泉所得となる給与の額の計算は、一般的な方法としては、月給の総額をその計算期間中の日本滞在日数で按分して行います（所基通161-41）。そして、この給与が日本で支払われるものである場合には、20.42％の源泉徴収が必要になります。外国で支払われるために日本で源泉徴収ができない給与（出向先の子会社等が現地で支払う給与）については、本人が一時的な滞在を終えて日本を離れる日までに、源泉徴収と同じ税率で計算した税額を、申告納税しなければなりません（いわゆる準確定申告：所法172①）。

　専門家でもなければ知らなくて当然の、かなり厳しい課税と手続になっています（【図表10】）。

　なお、日本の滞在日数で按分された給与額が、「その給与の総額に対して著しく少額と認められる場合」には、国内源泉所得から除く（課税しない）とされています（所基通161-41）。短期間の日本滞在なら課税されないということですが、どこまでが「著しく少額」といえるかについては明示されていません。

　以上は国内法の規定です。これに対して租税条約に、非居住者の日本滞在が短期間である場合に、日本の納税者（親会社等）が費用負担をしない給与に対する課税を免除する規定が置かれています。租税条約による国内法の修正（課税の減免）は項目を改めて見ていきますが、給与課税についてはここで触れます。

【図表10】非居住者の日本勤務に係る給与課税

	日本で支払われる給与	外国で支払われる給与
国内法（所得税法）	源泉徴収 （20.42％）	準確定申告（税率20.42％）
租税条約がある場合		日本滞在183日程度まで免税、それ以上の滞在は国内法どおりの課税（短期滞在者免税）

（5）給与の短期滞在者免税

　上記のとおり、非居住者が国内で勤務（人的役務を提供）した場合の給与に対する国内法による課税は、かなり厳しい内容になっています。しかし、日本とその非居住者の居住地国との間に租税条約があれば、大きな救済規定があります。「短期滞在者免税」といって、日本のすべての租税条約に規定されています。

　これは、簡単にいえば、「非居住者の日本滞在が、いずれの 12 か月の期間においても 183 日以内であれば、国内勤務に対応する給与には課税しない」という規定です（OECD モデル租税条約 15 ②）。租税条約が、滞在が 183 日までなら給与に課税しないように、国内法の課税規定を修正しているのです（【図表 11】の①）。

　この短期滞在者免税によって、非居住者が日本で一時的に勤務する場合の多くは、給与課税なしで済むでしょう。ただし、この免税の適用には、183 日という日数の他にも要件があります。

　まず、課税が免除になる給与は、日本の居住者等（例えば出向元の親会社）ではない雇用者（その非居住者が勤務している海外子会社）から支払われるものである必要があります（【図表 11】の②）。

　さらに、非居住者の給与が、雇用者の日本の恒久的施設（PE）によって負担される（PE の日本での申告で費用になる）場合も適用できません（【図表 11】の③）。

　これらの要件は、「日本の課税上、給与が支払者の費用（収益からの控除項目）になるなら、受領者においても日本で課税になる」という考

【図表 11】非居住者の短期滞在者免税の適用 3 要件

①	連続する 12 か月間での日本滞在が合計で 183 日以内（日数カウントの方法は条約により少しずつ異なる）
②	日本の居住者（親会社等）が給与を費用負担しない
③	日本の課税上、給与が支払者の日本事務所等の費用にならない

え方に基づいています。

　ですから、出向元である日本の親会社（内国法人）が払い、日本で損金になる給与や留守宅手当等は、租税条約に定める短期滞在者免税の対象にはなりません。したがって、支払額を日本の滞在日数で按分する、国内法の課税の対象になります。

　また、免税の条件である「年間183日まで」の日数カウント方法は、租税条約ごとに少しずつ異なりますので、適用の際には、社員が居住者になっている国との租税条約を個々に確認する必要があります。

　なお、コロナ禍で、駐在先国から一時退避帰国し、日本での滞在期間がやむを得ず183日を超えてしまった駐在員が多く生じました。短期滞在者免税を適用できず、多くの駐在員等には準確定申告の必要が、そして内国法人には普段と異なる源泉徴収の必要が生じたものと思われます。

3　租税条約による修正

　支払の際に源泉徴収が必要になる、不動産関係・投資リターン関係・人的役務関係の3区分について、国内法の課税関係を見てきました。国内法の課税は、いずれも厳しめの内容になっています。

　しかし、国境をまたいだ投資や人的な交流は、経済や貿易の促進に不可欠ですので、これらの支払は租税条約によって課税が軽減・免除される代表的な項目になっています。

　源泉徴収と租税条約は緊密な仲ですので、国内法で源泉徴収が必要となる3区分について、租税条約がどのような修正を加え、課税がどのくらい軽減・免除されるかについて見ていきます。

　【図表12】は、源泉徴収が必要な3区分に係る、租税条約による一般的な修正（軽減・免除）の内容です。OECDモデル租税条約の内容に沿っていますので、国別の租税条約による具体的な修正内容は異なる場

【図表 12】国内法で源泉徴収が必要な支払の区分と租税条約による修正

区分 （所法 161 ①）	条約による一般的な修正	OECD モデル租税条約
不動産関係 （五号・七号）	国内法に対する修正なし（不動産の譲渡や使用の対価は源泉徴収の上で申告納税）	6 条（不動産所得） 13 条（譲渡収益）
投資リターン関係 （九号〜十一号）	ほとんどすべての条約において、源泉徴収税率の軽減又は課税の免除（源泉徴収不要）あり	10 条（配当） 11 条（利子） 12 条（使用料）
人的役務関係 （六号・十二号）	・人的役務の提供事業の対価は事業所得となり、非居住者等が日本に恒久的施設（PE）を有していなければ課税（源泉徴収も）なし ・非居住者の給与はおおむね滞在 183 日以内は免税（短期滞在者免税）	7 条（事業所得） 15 条（給与所得）

合があります。また、表の右欄は OECD モデル租税条約の条文番号です。国別の租税条約では条文番号が少し前後することがありますが、おおむねこのあたりに規定が置かれています。

　まず、不動産の譲受けや貸借の対価に関しては、租税条約による軽減・免除はありません。国を構成しているともいえる不動産から生じる所得は、国内法どおりの課税が行われます。

　しかし、投資リターン関係の支払は、ほぼ確実に何らかの軽減か免除があります。国内法の源泉徴収税率は 20.42 ％ですが、条約ではおおむね 0（免税）〜15 ％程度になっており、多いのは 10 ％です。親子会社間での配当を特に低率にする条約が多く、欧米の主要国との間では全く課税をしない（源泉徴収不要）租税条約も多く見られます。親子関係の基準は、出資比率 25 ％以上という例が比較的多いですが、10 ％や50 ％の場合もありますので、国別の租税条約で確認が必要です。

　これに対して、人的役務の提供事業に係る課税は、租税条約によって根本から大きく修正されます。

　国内法の国内源泉所得リストにアップされている人的役務の提供事業

の対価は、租税条約では「事業所得」に含まれるのが一般的です。そして、前述のとおり事業所得については、非居住者等が日本に恒久的施設（PE）を有しており、そこに帰属する収入だけが国内源泉所得となります。したがって、非居住者等が日本に PE を有していて、人的役務の提供事業がその PE を通じて行われるものでない限り、事業の収入は日本で課税にならず、源泉徴収も必要ありません（所法 161 ①一、法法 138 ①一、OECD モデル租税条約 7 ①）。事業所得は「PE なければ課税なし」です。

<hr>

4　源泉徴収と外国税額控除の表裏の関係

　ここまで、非居住者等に対する源泉徴収を支払者の観点から見てきました。【図表 13】の源泉徴収(1)の部分です。一方、これと反対に、内国法人が外国で収入を得たときには、外国から受領する支払から源泉徴収される可能性が生じます（【図表 13】の源泉徴収(2)）。

　日本の非居住者等に対する課税の逆で、今度は外国で収入を得た日本企業が外国では非居住者等に該当して、源泉徴収される場合です。相手国の税法によっては、源泉徴収される上に現地での申告納税が必要になることもあります。

　日本企業 A が源泉徴収(2)をされた X 国での収入は、当然ながら日本でも課税になりますので、国際的な二重課税が生じます。これを解消する制度が外国税額控除です。これと反対に、日本の支払者から源泉徴収された外国企業 B は、日本で天引きされた税金を、自分の国で申告するときに外国税額控除の対象にしているはずです。

　また、国によっては、「国外で生じた一定の収入に対しては、もともと自国では課税しない」という税制を持っている国もあります。これも国際的二重課税の排除（というよりもとから生じさせない）方法で、「国外所得免除方式」と呼ばれます。【図表 13】の X 国が国外所得免除

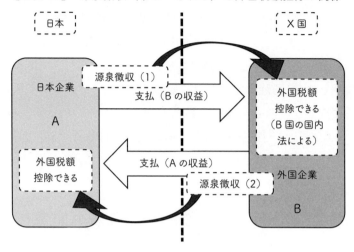

【図表13】 源泉徴収（する・される）と外国税額控除の関係

方式を採用していれば、X国は自国企業BがAから受領する対価には課税しないということです。

　非居住者等への支払の際に適切な源泉徴収を行うことと、自分が外国で源泉徴収された場合に外国税額控除を行って二重課税を緩和・排除することは、表裏の関係です。

　海外子会社等を有していない内国法人にとっては、国際課税の分野で注意すべき場面は支払の際の源泉徴収を見落とさないことと、外国で税金を払った（源泉徴収された）ときに外国税額控除をすること、ほぼこれだけです。

Ⅲ 租税条約はなぜある、何が書いてある、どう使う？

1 なぜある？

　租税条約とは、2つの国の間で、次のような約束をすることです。
「あなたの国の住人や法人が、私の国で収入を得たときは、それに対する課税を国内法よりも安くします。場合によっては税金をかけません。

　同じように、私の国の住人や法人が、あなたの国で収入を得たときも、そちらの税金を安くしてください。

　そのために、お互いに税金を安くする収入の種類、要件、共通の税率などを、前もって決めておきましょう。」

　租税条約は国際課税上の重要な法源で、国際課税の分野のシンボルともいえるでしょう。海外取引と源泉徴収の関係のところで、国内法を修正する租税条約にずいぶん触れてきました。

　しかし、繰り返しになりますが、本書の主人公である内国法人から見れば、海外取引税務の検討上、租税条約の参照が必要になるのは、源泉徴収をする（又はされる）場面と、外国に恒久的施設（PE）を持つ場合にほぼ限られます。以下、租税条約の概要を主要な観点から見ていきますが、内国法人にとって最も影響が大きいのは、源泉徴収において国内法を修正し、源泉徴収すべき税額を小さくする機能です。それ以外の部分は、国際課税に関する頭の体操と考えて気楽にお読みください。

（1）修正は国内法の否定ではなく上書き

　課税関係を検討するためには、税法を見ます。探している答えはすべて、税法に書いてあるはずだからです（見つけにくい場合や、薄くて読

めない部分も多々ありますが）。ところが、国際課税の分野では、税法を見るだけでは解決しない場合があります。課税の根拠が、国内法と租税条約の二重構造になっているからです。

　租税条約は、国内法による課税の一部分を軽減する方向で修正するものです。しかしこれは、国内の税法をなかったことにして、租税条約の条文だけを課税の根拠にするという意味ではありません。国内法による課税の内容を大前提にして、その一部分について、租税条約による修正を上書きするものです。税法の本法と租税特別措置法の関係に似ていますが、租税条約は相手国の税法も同じ内容で書き換えるという点で、国際課税に特有の構造といえるでしょう。

　租税条約は当事者国の国内税法を土台にして、部分的にピンポイントの修正（軽減・免除）を入れているだけですので、あまり体系的にできてはいません。

　租税条約の各条文の頭には「利子」とか「譲渡収益」などの見出しが付いていて、修正する項目があっさりと書かれています。そして、修正する項目は、両国の国内源泉所得（非居住者等の課税）に関係するものがほとんどです。したがって、支払者にとっては源泉徴収に関係する部分が多いことになります。

（2）租税条約の目的は二重課税を減らすこと

　なぜ、条約を結んだ国がお互いに相手国の居住者に対する課税を優遇するかというと、国際的な二重課税の防止や軽減のためです。それは、両国間の貿易促進や国際投資の活発化につながるからです。

　確かに、外国税額控除などの国際的二重課税を排除する制度が、多くの国の国内法で定められていますが、生じてしまった二重課税が、必ずしも完全に解消するとは限りません。さらに、外国税額控除の計算や申告手続はかなり複雑で手間がかかり、その上控除されるタイミングも遅くなります。

一番望ましいのは、そもそも二重課税が生じないことです。Ｘ国に投資しようとするとき、Ｘ国の税法ではそのリターンに税金がかかるところを、税法のその部分が租税条約で書き換えられて税金がかからない（又は20％が5％で済む）ということになれば、手取額は増え、投資も一層促進されるでしょう。

　国内法は、非居住者等に対する課税について、厳しめの規定を置いています。それを、条約の当事者国の間に限って緩和し、双方から投資しやすい環境を作ることが、租税条約の基本的な目的です。

2　何が書いてある？

（1）租税条約の種類

　租税条約には、いくつかの種類があります。最も基本的な形は二国間で結ぶもので、源泉徴収に深く関係する国内源泉所得の範囲を修正する条文を中心に、用語の定義や条約による課税の優遇を受けられる者の要件、両国の税務当局間で行う情報交換や相互協議など、一通りの規定がそろった、いわばフルスペックの租税条約です。

種類	具体例
二国間	標準的な条約（フルスペック）／情報交換協定（情報交換等に特化）
多国間	税務行政執行共助条約／BEPS防止措置実施条約
その他	日台民間租税取決め
モデル	OECDモデル租税条約／国連モデル租税条約

　そしてこれ以外にも、二国間ではなく多国間で結ぶ条約や、特定の内容（例えば、税務当局間で行う情報交換等）に限った条約など、形の異なる租税条約があります。

　日本は、これらすべてのタイプの条約を合計すると、151か国・地域との間で租税条約を結んでいます。このうち、源泉徴収の検討に不可欠

なフルスペックの租税条約は、80か国・地域との間で結ばれています（2022年12月1日現在、日台民間租税取決めを含む）。

（2）OECDモデル租税条約の条文の構成

　租税条約は、国内法をところかまわず書き換えているわけではありません。一定のパターンがあります。しかし、実際の租税条約は相手国ごとに内容が少しずつ異なっていますので、具体的な検討に当たっては、面倒でも必ず、取引相手が居住者となっている国との条約を見なければいけません。

　とはいえ、租税条約一般に共通する世界標準的な考え方があり、これはOECDが公表している「モデル租税条約」に表れています。【図表14】はOECDモデル租税条約の構成ですが、日本をはじめ多くの国の条約が、この構成と内容を大枠で踏襲しています。したがって、日本が結んでいる条約は、平均して30前後の条文からできています。

　この構成から見ると、特に源泉徴収の検討で必要になる部分、すなわち国内源泉所得の範囲の修正に関する部分は、第6条〜第21条あたりです。具体的な検討の際には、取引相手国との個別条約のこのあたりを

【図表14】租税条約の一般的な構成（OECDモデル租税条約）

条文	規定されている主な内容
1条〜2条	条約適用の対象となる納税者の範囲と税目
3条〜5条	条約で使われる用語の定義
6条〜9条	不動産、事業、国際運輸等の課税
10条〜13条	配当、利子、使用料、譲渡収益
14条〜21条	各種所得及び条約に規定のない所得に対する課税
22条	財産に対する課税
23条	二重課税排除の方法
24条〜31条	両国の税務当局間の執行に関する諸規定等

※下線は源泉徴収と関連の深い条文。なお、14条は現在欠番。

見ることになります。

(3) 国内源泉所得以外の条文

　国内源泉所得の範囲や適用税率を修正する条文の他にも、重要な条文があります。例えば、両国の税務当局間で税務調査のための情報をお互いに交換する根拠や、二重課税を排除するために行う相互協議の根拠を定めた条文などです。これらは、納税者の課税所得や税額計算に直接関係するもではありませんが、適正で公平な課税のために両国の税務当局の間で行われる、各種の国際的な協力を可能にしています。さらに、条約で使われる用語の定義や、課税権の配分に関する一般的な原則を定めた条文もあります。

3　どう使う？……国内法を修正する

(1) 国内法が修正される場所

　日本とX国の間に結ばれた租税条約を例にして、日本の国内法が修正される内容を見ると、おおむね次のようになります。

---

① 　修正が入る中心的な部分は、日本の非居住者や外国法人（X国の居住者や内国法人）に対して、日本が課税するための条文
② 　修正内容は、非居住者等に対する日本の課税を軽減又は免除する方向
③ 　日本の国内法の規定よりも課税が重くなるような修正はしない
④ 　日本の居住者や内国法人に対して、日本が行う課税は修正しない

　これを見ると、日本の内国法人にとっては、日・X租税条約があっても無くても、自分の課税そのものは全く変わらないではないか、と思わ

れるかもしれません。それはそのとおりで、租税条約は、内国法人自身に対する日本の課税は修正しません。実際には、外国税額控除の計算などに影響が生じることもありますが、基本的には修正しません。日・X租税条約が日本の課税を軽減・免除する相手は、日本ではなくX国の居住者や外国法人です。

　一方、内国法人にとってのメリットは、日本から受ける課税ではなく、X国側で課税されるときに生じます。内国法人がX国で課税される収入を得た場合に、このX国税法が租税条約による修正を受けて、X国による課税が軽減・免除される場合があるということです。

　例えば、内国法人がX国法人に使用料を支払うときに、国内法では20.42％の源泉徴収をすべきですが、日・X租税条約で使用料の課税を10％に修正していれば、内国法人は10％の源泉徴収をすればいいわけです。反対に、内国法人がX国法人から使用料の支払を受ける場合には、仮にX国の税法では源泉徴収税率が18％であったとしても、10％で済むことになります。

　日本とX国の国内法による課税がそれぞれ異なっていても、租税条約を結ぶことで、両国は「相手国の居住者に支払う使用料の源泉徴収税率は10％」という統一された税法を持つことになるのです。

（2）租税条約による修正の例

　租税条約による国内法の修正を、日本・香港租税協定（香港は単独の国ではなく地域ですので、条約ではなく協定という名称になっています）の簡単な例で見てみます。香港のA氏の収入には日本の課税が及び、B社は源泉徴収が必要になるのか否か、というケースです。

　香港居住者の個人A氏（日本に事業の拠点を持っていない）は、保有している商標権を日本の内国法人B社に使用させる。B社はA氏に対して使用料を支払い、商標は日本国内の業務で使用する。

A氏が受領するB社からの使用料について、日本での源泉徴収
　は必要か？

【国内法によるA氏の課税と源泉徴収の要否の検討】

（ア）　A氏がB社から受領する商標権の使用料は、国内源泉所得
　　　　に該当する（所法161①十一イ）。

（イ）　したがってA氏は、その国内源泉所得に対し、日本で所得
　　　　税の納税義務がある（所法5②）。

（ウ）　課税方法は分離課税となる（所法164②二）。

（エ）　課税標準は支払を受ける金額（所法169）、税率は20.42％
　　　　（所法170）となる。

（オ）　支払者であるB社は、源泉徴収しなければならない（所法
　　　　212①）。源泉徴収の税率は20.42％である（所法213①一）。

※　　上記の（イ）〜（エ）は、非居住者であるA氏自身の日本の
　　　納税義務についての少々細かい検討ですので、支払者の立場で源
　　　泉徴収の要否だけを検討する場合には、上記（ア）と（オ）だけ
　　　で判断して問題ありません。

　国内法では、「20.42％の源泉徴収をする」が結論になります。そこ
に、租税協定の修正が入ります。根拠は日本・香港租税協定第12条
（使用料）です。

【日本・香港租税協定の規定】

▶　日本において生じ、香港の居住者に支払われる使用料に対して
　　は、香港で課税できる（日・香港租税協定12①）。

▶　日本で生じた使用料は、日本でも、日本の法令に従って課税で
　　きる。税額は、その使用料の額の5％を超えないものとする

（日・香港租税協定 12 ②）。

▶　「使用料」には、商標権の使用の対価を含む（日・香港租税協定 12 ③）。

▶　使用料は、支払者が日本の居住者である場合には、日本で生じたものとする（日・香港租税協定 12 ⑤）。

　第1項では、A氏に支払われる使用料に対しては、A氏の居住地域である香港が課税できるとしています。第3項では、使用料には商標権の使用料が含まれることが確認できます。

　第2項では、A氏の収入は香港だけではなく、日本でも国内法に従って課税できるとしています。ここまでは、日本の課税権を認めていますので、国内法は修正されていません。

　しかし、同じ第2項に、「税額は収入の5％を超えない」という規定があります。ここが、租税協定が国内法を書き換えている部分で、この5％を「限度税率」といいます。国内法では 20.42 ％の源泉徴収でしたが、協定はこれを5％に下方修正しています。なお、協定では「超えない」となっていますが、協定の適用上は最大値（限度税率である5％）を使います。

　また、第5項では、使用料の支払者（B社）の居住地国（日本）が、その使用料の「生じた国」だとしています。これは所得の源泉地国の判定方法を定めた規定で、支払者の国を源泉地国とする考え方を「債務者主義」といいます。これに対し、日本の国内法は商標権を「国内において行う業務に使う」場合に、そこから生じる所得が国内源泉所得になるという、「使用地主義」の考え方を取っています。

　国内源泉所得の生じ方に関する基準が国内法と租税協定で異なっているのですが、この部分も租税協定が優先して、国内法を修正します。ただしこの事例では、どちらの考え方によっても日本が所得の源泉地となりますので、結果としては変わりません。

（3）見落として怖いのは租税条約より国内法

　では、租税条約の適用を忘れてしまった、あるいは誤ってしまったら、どんなリスクがあるでしょうか？

　リスクは、国内法どおりに源泉徴収していたか否かで大きく違ってきます（**【図表15】**）。

　国内法どおりに源泉徴収していて、条約の軽減・免除を見落としていた場合は、源泉徴収が過大になっている（相手の税金を多く納め過ぎている）状態です。後からこれを正そうとする（過大な納付を還付してもらう）場合には、相手に租税条約に関する届出書と還付請求書を作成してもらい、支払者経由で税務署に提出して還付を受け、支払先にお返しすることになります（リスク①）。当方の取引先としての信頼性が低下するリスクもありますが、かえって正直者と褒められるかもしれません。

　一方、国内法で定められた源泉徴収をしておらず、しかも条約でも免除ではなかった場合は、不足税額と不納付加算税が支払者から追徴されます（リスク②）。もとは相手が日本に払うべき税金ですから、平身低頭お願いすれば、本税は事後的にいただけるかもしれません。しかし、相手にすれば完全な持ち出しです。実務的には、相手からの回収が難し

【図表15】源泉徴収に係る条約適用を忘れた場合のリスク

		適用を忘れた条約による源泉徴収の軽減等の有無		
		軽減・免除なし	軽減・免除あり	
			軽減	源泉徴収不要
国内法で源泉徴収が必要な支払	国内法のとおりに源泉徴収した場合	結果的に問題なし	差額が徴収過大	全額が徴収過大
			※【リスク①】	
	源泉徴収を忘れた場合	全額が徴収不足	差額が徴収不足	結果的に問題なし（Lucky!）
		※【リスク②】		

※【リスク①】…税務署に申請して還付を受け、取引相手に返す
　【リスク②】…不足額の追徴と不納付加算税を負担する

いことも多いでしょうし、当方の信用もリスク①以上に低下するでしょう。

　結局、支払者（源泉徴収義務者）にとってよりハイリスクなのはリスク②で、税務調査で源泉徴収もれが見つかるのはこの部分です。すなわち、国内法どおりに源泉徴収されておらず、しかも、租税条約によっても源泉徴収が免除にならない支払です。

　租税条約を見落とすより、国内法を見落とすほうが大変だと考えて、まずは国内法による源泉徴収の要否をしっかり判断することが基本です。

（4）租税条約の適用には届出が必要

　このように、租税条約による源泉徴収の軽減・免除を見落とすと、源泉徴収が過大になるおそれがあります。取引の段階で、源泉徴収の要否や税率について、取引相手との間で認識を一致させておくことが重要です。

　租税条約による軽減・免除を受けるためには、まずその優遇を受ける非居住者や外国法人が「租税条約に関する届出書」を作成し、支払者を経由して、支払の前日までに支払者の納税地を所轄する税務署に提出する必要があります。

　届出書は軽減・免除を受ける非居住者等が出すものですから、相手が言い出さない限り、支払者は国内法だけに基づいて源泉徴収すればいいと、いえなくもありません。しかし、支払者が租税条約の適用に気が付けば、それを先方に伝えるのも取引のうちでしょう。

（5）検討はまず国内法から

　租税条約は、「国内法の規定は無視して、この所得は 10％で課税する」などと新しい課税を創設するのではなく、「この所得が国内法で課税になることを前提に、条約相手国の居住者に対してだけはそれを軽

減・免除する」という形で修正するものです。

　ですから、租税条約で「課税できる」と読み取れる場合でも、もともと国内法で課税されないものであれば、租税条約だけを根拠に課税することはできません。国内法で認められている非課税、免税、所得控除、税額控除などの税の減免措置も、租税条約によって取り消されることはありません。

　したがって、個別のケースにおいては、条約を検討する以前に、国内法での課税はどうなるのかという点をしっかり押さえておかないと、条約による軽減や免除を検討する足元が定まりません。「検討はまず国内法から」が鉄則です。

　その上で租税条約を検討するのですが、多くの条約が大枠でOECDモデル租税条約に準じているとしても、その上で条約にはそれぞれの個性があって、相手国によって課税の結論が大きく変わる可能性があります。

　OECDモデル租税条約は改訂が繰り返され、国際課税の最先端の内容になっていますが、個別条約の中には、ずいぶん昔に結ばれて以来そのままになっている、古い条約もあります。時代に取り残されていても、OECDモデル租税条約の内容と違っていても、改正されない限りはそれが適用されます。時には、他では見られない規定を持つ条約もあって、「普通はこうだろう」で済ませられない場面が生じることもあります。しっかり個別条約を参照することが不可欠です。

Ⅳ 外国税額控除と外国子会社配当の益金不算入

1 なぜ外国で払った税金を日本の税金から引くのか

(1) 国際的二重課税の発生

　昨今は、デジタル経済における超大手IT企業の適正な課税方法や、世界共通の最低法人税率などが国際課税の大きな話題になっていますが、もともと国際課税の分野では、国際的な二重課税の発生の防止や解消を最大の課題としてきました。外国税額控除はそのための伝統的な制度で、やや地味ではありますが、国際課税を象徴する貫禄ある制度です。

　外国で投資や役務の提供をして収入（利子、配当、使用料、報酬など）があると、対価の支払を受ける際に、源泉徴収されることがあります。これは、日本の支払者が行う源泉徴収の裏返しで、その外国の税法と租税条約に基づいて行われるものです（**【図表 13】**（52 ページ）参照）。

　外国で税金が天引きされる収入は、全世界所得課税を採用している日本でも、間違いなく課税の対象になります。そうすると、その収入に対しては、日本とX国による国際的二重課税が生じます。

　また、もし内国法人が外国に支店などのPEを有していれば、そのPEを通じて得られる収入（PE帰属所得）は、現地国での申告納税の対象になります。外国の支店は日本の本店の一部分ですから、その収入は日本でも課税の対象になりますので、この場合にも国際的二重課税が発生します。

　外国税額控除は所得税と法人税、そして相続税にもありますが、考え方の基本は同じです。ここでは、法人税の制度を見ていきます。

（2）二重課税の解決策とは「相手を立てて身を引く」

　国際的二重課税を放置しておくと、納税者にも国にもいいことはありません。納税者にとっては、二重課税の解消はありがたい（又は当然の）話です。これができないとすると、海外で事業を行う場合の税負担が、事業を国内だけで行う場合と比較して大きくなり、儲けが減って国際的な競争力も低下します。その結果、両国間の貿易が減少すれば、両国にとっての経済的なダメージになります。貿易の促進や、自国企業の国際的競争力の維持のためには、国際的二重課税の解消が不可欠です。

　そこで、二重課税を解消するために、収入が生じた国（所得の源泉地国）側の課税を優先して、収入が生じた国を問わずすべての所得に課税する日本（内国法人の居住地国）側が、日本の税額から源泉地国側の税額に相当する額を減額することとしています。これが外国税額控除の世界標準の考え方です。

　「両国で半々にしましょう」などという歩み寄った解決ではなく、居住地国が税収を潔く諦めて身を引き、源泉地国に譲るのです。

　しかしこの方法は、居住地国側において、税収の減少という懐の痛みを伴います。日本の法人税から外国の税金相当額を控除するということは、内国法人が外国に支払った租税を、日本国が国庫から肩代わりするということです。ですから、日本側としては、外国で課税されたからといって、中身も見ないでいくらでも控除するわけにはいきません。控除に慎重を期すのです。

　税法が慎重を期すポイントは、「控除の対象とする外国税の種類や性質」と、「日本の法人税から控除できる限度額」です。このような慎重な姿勢が、外国税額控除に係る申告の実務や税務調査を支配しています。

2 税法は控除する外国税を慎重に決めている

(1) 控除の大前提は「正しい二重課税」

　外国税額控除の対象になる外国税は、「その外国税の課税標準額に対して課される、日本の法人税額の範囲内で重複している部分」です。

　例えば、内国法人Ａ社がＸ国で100の課税所得を得て、これに対してＸ国が40％の課税をし、日本でも法人税率25％で課税されるとします。その結果、日本とＸ国との間で二重課税が生じるのですが、両国の税額が重なるのは税額で25までの部分です。それを超える15の部分は、Ｘ国が日本より高い税率で課税した部分ですので、日本との間では二重課税は生じていません。この15までＡ社の日本の法人税から控除してしまうと、二重課税状態になっていなかったＸ国の高率の税金まで、日本国がＡ社の肩代わりをすることになってしまいます。日本国としては、これはできません。

　この例で、日本とＸ国の間で二重課税が生じている税額25の部分を、以下では「正しい二重課税」と呼びます。

(2) 実務でも調査でも柱になる3つの観点

　このような、国が納税者に代わって負担することになる正しい二重課税の額を、納税者が外国で支払った諸々の税金の中からできるだけ正確に切り出すために、外国税額控除の適用には多くの要件が設けられています。

　この慎重を期すための要件は、【図表16】のように大きく3つに集約されます。これらは、申告上の要注意事項であるとともに、税務調査の重要なポイントにもなっています。

　要件①は、外国の税が日本の法人税のように所得を課税標準とするものでなければ、そもそも所得に課税する日本の法人税との二重課税は生じようがないので、控除の対象としない（門前払い）という趣旨です。

【図表 16】外税控除の要件は 3 つの観点に集約される

要件	観　　点	内　　容
①	「外国法人税」に該当	外国の税が、所得に課税される日本の法人税に相当する税であること
②	「控除対象外国法人税の額」に該当	日本の法人税額との間で二重課税が生じている税額部分であること
③	「控除限度額」の枠を超えない	外国で生じた所得に対する日本の課税額の範囲内であること（注）

（注）事業年度単位で計算。ただし、控除しきれない税額や使いきれない控除限度額の枠は、3 年間の繰越が可能。

ですから、消費税（付加価値税）、関税、固定資産税、登録免許税、印紙税などは該当せず、外国税額控除の対象にはなりません（損金算入は可能です）。税金の性質が全く異なるので、そもそも二重課税の生じようがない税金ということです。

なお、徴税上の便宜のため、所得に代えて「収入金額の何％」という形で源泉徴収される租税は該当します（法令 141 ②三、四）。この要件①をクリアする税を、税法上は「外国法人税」といいます。

次に要件②は、要件①をクリアした外国法人税であっても、明らかに日本より高税率で課税される部分や、日本の法人税では益金に含まれない所得（つまり日本では課税されない所得）に課される税額などは対象にならない、という趣旨です。やはり、日本の法人税との間で正しい二重課税が生じないからです。このような訳あり外国法人税は、税法に列挙されています（法令 142 の 2）。

要件②をクリアする外国法人税の額を、税法上は「控除対象外国法人税の額」といいます。この控除対象外国法人税の額が、日本の外国税額控除の対象になります。

あとはそれを合計して控除すればいいだけなら簡単なのですが、重要な要件がもう一つあります。それは、「控除できる限度額」の計算です。

3 控除限度額の計算

(1) 控除できる額は日本の法人税額から計算する

【図表16】の要件③は、要件①と要件②で絞り込まれてきた控除対象外国法人税の額を、その事業年度で実際にいくらまで控除できるかという、金額枠の計算です（法法69②③）。この枠を「控除限度額」といいます。この計算の過程にも、正しい二重課税を切り出すための慎重な対応が凝縮されています。以下、細かい計算過程を省略しながら、限度額計算の考え方を見ていきます。

$$控除限度額＝法人税の額 \times \frac{国外所得金額}{所得金額（国内＋国外）}$$

（注）算式中の項目はすべて事業年度単位となる。

　その事業年度の控除限度額は、内国法人の全世界で生じた所得金額の総額を分母とし、そのうちの国外で生じた所得金額（税法上、「国外所得金額」といいます）を分子にして割合を計算し、それを内国法人が日本で納付すべき法人税額に乗じて算出するものです（法令141の2、142）。分母も分子も、グロスの収入金額ではなく、ネットの所得金額で計算します。

　ここでは、分子になる「国外所得金額」の部分が分かりにくいところですが、最も重要な数値でもあります。

　法人税法には「国外源泉所得」という収入金額の概念が定められており、どのような収入がこれに当たるかが細かく列挙されています（法法69④）。大まかにいえば、源泉徴収や租税条約のところで述べた、非居住者や外国法人が日本で課税される収入の範囲である「国内源泉所得」の裏返しです。「外国法人が稼いだら日本で課税する収入」の内容を基準にし、それを裏返して、「内国法人が稼いだら外国から課税される

（であろう）収入」を決めているということです。この収入に係る所得を、法人税法に従って計算したものが、算式の分子になる「国外所得金額」になります。

　少々複雑な話になりましたが、上記の控除限度額の算式を組み替えれば、次のようになります。

控除限度額＝日本の法人税率×国外所得金額

　この算式で計算される金額を、その事業年度で控除できる最大値とすることで、前述した「正しい二重課税」だけが控除される仕組みになっています。

（2）一括限度方式は楽だが精密さに欠ける

　この控除限度額計算は、全世界で生じたすべての国外源泉所得をひとまとめにして行います。控除の対象になる外国法人税の額も、全世界分を合計した金額です。「一括限度方式」と呼ばれる方法です。これ以外に、同様の計算を国ごとに行う「国別方式」や、所得の種類ごとに計算する「バスケット方式」などを採用している国もあります。

　日本の採用する一括限度額方式は、他の方式と比べて、申告のための計算の手間が最も少ない反面、精密さに欠ける方法でもあります。

　控除限度額を「日本の法人税率×国外所得金額」で計算するということは、「世界中で払った外国法人税の合計額が、外国で生じたすべての所得の合計額に対する日本の税率以下の額になっていれば、全額控除します」と言っているようなものです。

　この方法では、日本より高税率で行われたＡ国での課税の部分が、日本より低税率で行われたＢ国の課税と合計されて、結果として日本と同じ水準の課税の枠内に収まってしまう状況が生じ得ます。そうすると、日本と二重課税になっておらず、本来は外国税額控除の対象になる

べきではないＡ国の高税率部分も、Ｂ国で日本より低税率課税になっている部分に吸収されて、税額控除の対象に含まれてしまいます。これは「彼此流用（ひしりゅうよう）」問題と呼ばれます。

このような不合理な状況をできるだけ回避するために、税制改正が重ねられてきました。外国で課税されない国外源泉所得を限度額計算の分子から除くことや、計算の分子は分母の90％を限度とするシーリングを設けること（全世界所得に対する法人税額の最低10％は日本に納税してもらう）などが、制度に加えられています。一定の効果が上がっていると考えられますが、その分、実際の限度額計算は複雑で、手間のかかるものになっています。

（3）控除限度額の枠や控除し切れない外国法人税は3年間繰り越せる

控除限度額の算式で使われる「所得金額」は、ネットの利益のことですので、国外での業務が黒字であって外国で税金を払っていても、国内の業務から赤字が生じて、結果として全世界所得に対する法人税額が小さくなれば限度額も小さくなり、最小でゼロになります。そうすると、その事業年度に実際に控除対象外国法人税の額の納付があっても、外国税額控除が十分にできないことになります。

そのような状況に対応するため、その事業年度で控除できなかった外国税を、3年間繰り越すことができます。これとは逆に、控除限度額の方が大きく、外国法人税をすべて控除してもなお、限度額の枠に余裕がある場合も、その余裕枠を3年間繰り越して使うことができます（法法69②③、法令144、145）。

海外での事業を盛んに行い、多くの国で多額の外国法人税を納付している内国法人では、国外所得金額の計算や3年間の繰越の計算などは、管理するにもかなりの手間がかかると思います。

しかし、どのような法人でも、要件①と要件②をクリアした控除対象

外国法人税の額があって、日本で法人税の納税額があれば、必ず一定の控除ができます。

　国外所得金額が生じる取引がそれほど多くなければ、計算はそれほど面倒ではありません。まずは、控除対象外国法人税の額の有無を確認すること（要件①と②）がスタートになります。

4　外国子会社配当の益金不算入

（1）間接外国税額控除に代えて導入された制度

　外国税額控除は、法的に同一の法人の所得に、複数の国が課税することから生じる「法的二重課税」を排除する方法です。これに対して、同一法人にではなく、親子会社間で国際的二重課税が生じることがあります。例えば、海外子会社が、現地国で課税後の利益を日本の親会社に配当して、それを日本でも親会社の益金として課税する場合です。

　親会社と子会社で法的な主体は異なりますので、一つの会社が二か国から課税されるわけではありません。しかし、ある国で課税された後の子会社の利益を受領した親会社がまた別の国から課税されるという、「経済的二重課税」が生じます。

　海外子会社からの配当は、海外支店（PE）が、現地で申告納税して課税済みの利益を本店に送金してくる場合と似ています。海外支店で生じた所得は、そのまま本店の所得ですので日本でも課税になり、現地国での納税額には外国税額控除が適用されます。

　これに対して、もし海外子会社からの配当で生じる経済的二重課税が排除できなければ、海外支店と子会社との間で、税負担のバランスが取れないことになります。このため、以前は外国税額控除の仕組みの中で、配当に係る経済的二重課税を排除する制度がありました。これを「間接外国税額控除」といいました。

　しかし、間接外国税額控除の計算や手続は非常に複雑で事務の負担が

大きく、二重課税が完全に排除されない場合もありました。また、外国子会社が納付した外国法人税の税率が日本よりも低い場合に、日本に配当した金額が親会社でも課税されれば、間接外国税額控除が適用されたとしても、税率の差に対応する日本での課税が生じてしまうことになります。

　これらの状況が、海外から日本への配当（利益の還流）そのものを妨げてしまうことも憂慮されていました。そこで、平成21年度の税制改正で間接外国税額控除の制度を廃止し、これに代えて導入されたのが外国子会社配当の益金不算入制度です。

（2）受取配当への課税そのものを諦める方法

　制度の考え方はシンプルで、「海外子会社からの配当に日本が課税しないことで、経済的二重課税を発生させない」というものです。

　この制度に基づいて、日本の親会社が一定の海外子会社から受け取る配当の95％は、法人税の計算上、益金不算入となります（法法23の2①）。差額の5％は、配当を得るために親会社側ですでに発生し、損金となっている費用を5％程度と見込んで（割り切って）、その相当額を益金不算入にしないためです。

　また、配当をしてくる際には子会社の所在地国で源泉徴収されるのが普通ですが、この源泉徴収税額は外国税額控除の対象にならず、損金算入もできません。もともと配当そのものを日本で課税しないので、ここでも二重課税は生じないからです。

　対象となる海外子会社は、内国法人が株式又は出資の25％以上を保有している外国法人です。税制上はこれを「外国子会社」と呼びます。25％の持分は、配当等の支払義務確定日以前に6か月以上継続していなければなりません（法令22の4①）。また、25％という基準は、租税条約でさらに低くなる（10％、15％等）場合があります（法令22の4⑦、個別条約の二重課税排除条項等を参照）。

この制度の導入で、海外子会社からの配当に関する経済的二重課税の排除手続が、ずっと簡単になりました。しかし、捉え方によっては、全世界所得に課税することを大前提としてきた日本が、その課税権の一部分（配当という形を取った、海外における事業所得の一部分）を放棄したと見ることもできるでしょう。

　いずれにしても、海外子会社から配当を受ける親会社にとって、二重課税を回避する重要な制度です。特に、株式等の出資割合とその保有期間は、よく管理しておくことが大事です。

Ⅴ 海外取引と消費税

　消費税は、税率の上昇とともに税務の中での存在感を増していて、経理処理を誤ると大きなリスクがあります。申告納税するための課税期間が事業年度と一致していること（短縮の特例はあります）から、法人税や個人所得税の申告納税の実務と同時並行で行われることが多いでしょう。しかし、筋金入りの間接税であり、個々の取引ごとの対価そのものを課税標準とする消費税は、事業年度1年分の所得をまとめて課税標準とする法人税や所得税と比べて、考え方が異なる点が多くあります。

　海外取引を巡っても、消費税は国内で行われた取引にしか課税しない税金という性質から、所得に課税する税金にはない考え方や問題があります。それは、取引される商品や提供される役務が国境をまたぐときに現れてきます。

　国内の取引だけにしか課税しないということは、所得課税についてこれまで述べてきたような「国際的な二重課税」の状況は、基本的には生じないということです。したがって、外国税額控除もありませんし、外国との課税権を調整する租税条約もありません。検討はすべて、消費税法だけで行います。

1 海外取引に関係する消費税の規定

（1）「消費」税といいながら「取引」を課税対象とする税金

　消費税は、消費一般に、広く薄く公平に課税する間接税とされています。しかし、消費という行為は捉えることが難しく、最終的に消費された時や場所をきっちり見届けることもできません。

　そこで消費税法は、「国内において事業者が行った資産の譲渡等……には、……消費税を課する」（消法4①）として、消費ではなく「資産

【図表17】取引が課税対象になる要件

要件1	国内において
要件2	事業者が事業として
要件3	対価を得て行う
要件4	資産の譲渡等

の譲渡等」を課税の対象としています。

　本来課税の根拠としたい消費という行為に代えて、今後消費される商品の売買やサービスの提供という「取引」行為に着目し、取引の対価に課税する仕組みです。安定した課税のために採用された、技術的な方法ということでしょう。

　課税の対象は「国内において事業者が行った資産の譲渡等」（消法4①）で、資産の譲渡等とは、「事業として対価を得て行われる資産の譲渡及び貸付け並びに役務の提供」（消法2①八）です。

　これらの規定を組み合わせると、取引が消費税の課税対象になる4つの要件（**【図表17】**）が導かれます。要件4の「資産の譲渡等」が取引行為のことで、全体の中心的な要件になっています。それ以外の3つの要件は、要件4の取引の内容に制限をかけているものです。取引なら何でも課税ではなくて、「どのような取引が課税対象になるか」という絞り込みの要件です。判定に順番はありませんが、要件を1つでも満たさなければ、課税の対象にはなりません。いわゆる不課税です。

　海外取引との関係では、当然ですが要件1の「国内において」が重要です。本来ならば消費された場所（国）が重要のはずですが、取引を課税対象にしていますので、取引された場所が問題になります。取引が国内で行われれば課税、国外なら課税対象外（不課税）です。

（2）国境をまたぐ取引を仕切る3つのルール

　消費税制の中で海外取引に関係する項目は、大きく分けると輸入消費

税、内外判定、輸出免税の3点になります（【図表18】）。

　これらは、取引行為と国境線の組合せから生じる、3つの場合の消費税の取扱いです。国外で取引した資産が国境を越えて入って来る場合が（ア）、国境の内側と外側のどちらで取引されるかを判定する場合が（イ）、国内で取引した資産が国境を越えて出て行く場合が（ウ）です。消費税には、国境をまたぐ取引を特別扱いしなければならない大きな理由があるのです。

【図表18】海外取引に関係する消費税のルール

（ア）	輸入消費税	輸入貨物を国内に引き取る際に輸入者が税関で支払う消費税
（イ）	内外判定	取引の行われた場所が国内か国外か（課税か不課税か）の判定
（ウ）	輸出免税	外国に輸出する商品やサービスに係る消費税の免除

（3）3つのルールの相互関係

　海外取引と消費税の関係を簡単に示すと、【図表19】のようになります。太枠のところが、海外取引に関係するルールです。（ア）（イ）（ウ）は、【図表18】に対応しています。

【図表19】海外取引を巡る消費税ルールの相互関係

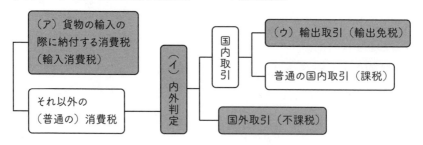

　まず、消費税には大きく分けて、国内で資産の譲渡等を受けたときに取引対価に上乗せして支払う一般的な消費税（消法4①）と、国外で譲渡を受けた資産を国境の外側から国内に持ち込むときに税関に納付する

消費税（（ア）輸入消費税：消法4②）の2種類があります。どちらも同じように課税と仕入税額控除の対象になるのですが、輸入消費税には、一般的な消費税と異なる取扱いがあります。

　次に、一般的な消費税では、その取引が行われた場所が国内・国外どちらであるかの検討（（イ）内外判定：消法4③）が必要になります。内外判定の結果が国外取引となれば課税対象にならず、仕入税額控除の対象にもなりません。

　最後に、内外判定で国内取引となれば、原則として一般的な消費税の課税対象になりますが、その中で商品やサービスが輸出されて国外で消費される取引だけは、課税が免除になります（（ウ）輸出免税：消法7）。

　細かくいえば、海外取引を巡る消費税にはもう一つ、課税対象が異なる第3の消費税として、特定課税仕入れ（リバース・チャージ方式の対象）に係る消費税（後述）があります。これを含めれば【図表19】は網羅的になりますが、少々複雑にもなりますので簡略化しています。

（4）国境税調整

　このような、国境をまたぐ輸出入の際に租税を課したり免除したりすることを、硬い言葉で「国境税調整」といいます。消費税においては、輸入消費税の課税と輸出免税のことです（【図表20】）。

　国境税調整の目的は、国内事業者と国外事業者の価格競争に、消費税

【図表20】税関を通る貨物の国境税調整

区分	対象者	調整前の課税区分	国境税調整	仕入税額控除関係
輸入消費税	輸入申告者	輸入前の購入等は国外取引に該当（不課税）	貨物の日本への持込みに一律課税	輸入消費税が仕入税額控除の対象になる
輸出免税	輸出申告者	輸出前の販売等は国内取引に該当（課税）	貨物の日本からの持出しを一律免税（0％課税）	輸出貨物の課税仕入れに係る消費税が対象になる

が影響を与えない（中立でいる）ようにすることです。国内で消費税込の価格で流通する商品と同じものを、国外で買って輸入したら消費税がかからないとすれば、国内製品を扱う事業者にとって、価格競争で大きな不利が生じるからです。

　有形の貨物は輸出入の際に必ず税関を通りますので、その時の税関での輸出入申告に基づいて、消費税の課税や免税の調整も行われます。この意味で、税関は消費税にとって、非常に重要な機能を持っていることになります。

　ここで大きな課題は、無形資産やサービスの輸出入です。これら形のない商品は税関を通りませんので、そのタイミングでの国境税調整ができません。したがって、このような取引は内外判定をした上で、通常の課税をすることになります。ただし、後述の「電気通信利用役務の提供」については、特別なルール（専用の内外判定基準と、納税義務者に係るリバース・チャージ方式）が導入されています。

2　輸入消費税

（1）輸入消費税が別建てで存在する理由

　輸入とは、外国から到着した貨物を日本国内に引き取ることをいいます（関税法2①一）。国外で資産を譲り受けて、日本国内に持ち込む取引ということです。

　国外で取引しても商品を日本に持ち込まず、そのまま国外で消費したり他者に再譲渡したりするのは国外取引で課税対象外（不課税）です。日本の消費税はかかりませんが、仕入税額控除の対象にもなりません。

　一方で、国外で取引した資産とはいえ、国内に持ち込むとなると、話が違ってきます。

　国内で消費や再譲渡をするのであれば、消費税本来の趣旨から課税対象と考えられます。また、輸入商品に消費税がかからなければ、国内で

消費税込で取引されている同じ商品と比べて、輸入商品の方が価格競争で有利になります。これを防ぎ、消費税に基因する国内事業者と国外事業者の競争上の不均衡をなくすために、商品が税関を通って国内に持ち込まれるタイミングで消費税（輸入消費税）を課して、すでに税込で流通している国内商品との価格競争条件を同じにするわけです。

　消費税と輸入消費税が二本立てになっているのは、価格競争に対して消費税が中立でいるためです。

（2）普通の消費税と輸入消費税との相違点

　二本立ての消費税は、税率も、支払者が仕入税額控除できることも同じですが、それでも【図表21】のような相違点があります。これらはそのまま、税務上のミスが生じる要注意項目でもあります。

　輸入消費税は普通の消費税とは別物ですから、資産の譲渡等に該当する4つの要件（【図表17】）とは関係なく、「保税地域から引き取られる外国貨物」が課税対象になっています。納税義務者は貨物を引き取るすべての者（消法5②）となっていますので、課税事業者だけでなく免税事業者や一般消費者も含まれますし、対価の支払のない（ただでもらった）資産も課税対象になります。

　課税標準は実際の対価ではなく、関税定率法第4条以下の規定に準

【図表21】輸入消費税と国内取引の消費税の相違点

項目	輸入消費税	国内取引の消費税
納税義務者	貨物を引き取る者 （＝輸入申告者）	課税事業者
課税標準	CIF価格＋関税等	課税資産の譲渡等の対価の額
申告手続	輸入の都度、税関で申告納税	課税期間を単位として、税務署に申告納税
仕入税額控除の時期	輸入の許可を受けた日	課税仕入れを行った日

じて算定した、いわゆる CIF 価格（原則として、輸入貨物の代金＋運賃＋保険料）に、関税や間接諸税を加えたものになります（消法 28 ④）。関税の課税標準となる課税価格に合わせているわけです。

（3）輸入消費税の納税

　輸入消費税の申告と納税は輸入申告と合わせて行います（消法 47）。その後税関から「輸入許可書」が交付されますが、この輸入許可書は、保税地域に留め置かれている貨物の国内への引取りに必要であるとともに、仕入税額控除の要件として原則 7 年間の保存義務がある、消費税にとっても大事な書類です（消法 30 ⑦⑨三、消令 49 ⑤、50 ①）。また、仕入税額控除ができるタイミングは、税法では「保税地域から引き取った日の属する課税期間」（消法 30 ①三）とされており、保税地域から引き取った日とは、実務的には輸入許可の日とされています（消基通 11-3-9）。

　輸入申告から輸入許可までの所要時間の平均は、海上貨物で 2.1 時間（財務省『第 12 回輸入手続の所要時間調査』（平成 30 年 3 月中の調査））と非常に短いので、多くの場合は「税関への申告納税の日＝輸入許可日＝仕入税額控除できる日」となるでしょう。

　しかし、もし税関の検査や他官庁の許認可などに時間がかかり、申告納税と許可の日が決算期をまたぐようなことにでもなれば、仕入税額控除ができるのは新しい課税期間の方です。

3　内外判定

（1）内外判定とは不課税取引かどうかの判定

　消費税法は取引を課税の対象としていますので、課否は取引が行われた場所が国内・国外どちらであるかで判定します。「取引地課税主義」です。

内外判定は、【図表17】（75ページ）の要件1です。すなわち、不課税取引になるか否かの判定のひとつです。

　内外判定で国外取引（不課税）となると、資産の譲渡側（対価の受領側）では消費税がかからない一方で、資産の譲受け側（対価の支払側）では仕入税額控除の対象になりません。課税と仕入税額控除は裏腹の関係になっています（消法2①十二）。また、不課税取引は課税売上割合の計算にも関係しません。

（2）判定の原則は分かりやすい

　判定基準は、資産の譲渡等が「資産の譲渡又は貸付け」である場合と、「役務の提供」の場合とに大きく分かれ、それぞれに原則と個別規定が定められています（【図表22】）。

　資産の譲渡又は貸付けの内外判定の原則は、たいへんシンプルです。しかし、目に見える有形の資産はまだいいのですが、無形資産や役務の提供など、取引の場所が目に見えにくいものの判定には個別規定があり、注意が必要です。

　役務提供の内外判定の原則は、現実に役務提供が行われた場所（国）

【図表22】内外判定の原則と個別規定

取引の種類		内外判定の基準（個別規定は例示）
資産の譲渡又は貸付け	原則	譲渡又は貸付けが行われる時に**その資産が所在していた場所**（消法4③一）
	個別規定	特許権・商標権等：権利を登録した機関の所在地（消令6①五） 著作権・ノウハウ等：その譲渡又は貸付けを行う者の住所地（消令6①七）
役務の提供	原則	**役務の提供が行われた場所**（消法4③二）
	個別規定	国内・国外にわたって行われるなど、提供された場所が明らかでない役務：その役務提供者の役務提供に係る事務所等の所在地（消令6②六）

です。有形資産は譲渡されてもすぐに消費されるとは限らず、転々と譲渡される可能性もあります。しかしサービスは、提供された瞬間に消費されるという特徴を持っています。「役務提供地イコール消費地」ですので、消費課税本来の考え方と合致しています。

（3）役務の提供場所は1か所とは限らない

　役務提供が1か所で行われ、そこが具体的に特定できるのであれば、役務提供であっても内外判定は簡単です。しかし、例えば一つの契約の遂行上、国内・国外の間で連続して、又は双方で役務提供が必要な場合などは、役務の提供場所が明らかではありません。

　このような役務提供の内外判定には、原則とは別の基準があります。それは、「役務の提供を行う者の役務の提供に係る事務所の所在地」という基準です（消令6②六）。役務提供地が明らかでない場合や、国内・国外にわたって役務提供があった場合には、このような思い切った割り切りで内外判定するわけです。しかし、この割り切りに関しても、注意点があります。

　まず、役務提供場所が明確ではないときでも、契約において役務提供場所が明らかにされていれば、それが役務提供地となります。また、一連の役務が国内・国外にわたって提供される場合でも、個々の役務の提供場所が特定でき、それぞれの役務に相応する対価が決められていて、国内と国外に合理的に区分できていれば、その区分に基づいて課税することになります（消基通5-7-15）。

　これらの判定ができない場合には、役務提供に係る事務所の所在地で判定する、ということになります。

　また、インターネットを介して海外の事業者が日本にデジタル商品を送る場合も、役務の提供地が明らかではありませんでしたが、これは「電気通信利用役務の提供」として、それ専用の内外判定基準が設けられました（後述）。

（4）無形資産は種類によって判定基準が違う

　特許権などの無形資産の譲渡や貸付けも、目に見えないという点で役務提供と似ています。資産ですので、取引が行われた場所の判定の原則は、「取引が行われる時にその資産が所在していた場所」です。しかし、目に見えませんので、取引時に所在している場所を指さすことができません。そこで、無形資産については、個別の内外判定基準が設けられています（【図表23】）。

　まず、特許権、実用新案権、商標権など、登録によって権利が発生する工業所有権等については、「権利を登録した機関の所在地」によって内外判定を行います（消令6①五）。

　これは非常に分かりやすい基準ですが、同一の権利について2以上の国で登録している場合には、登録機関のある国ではなく、「権利の譲渡や貸付けを行う者の住所地」で判定することになっています。

　例えば、内国法人A社が特許権を日本とX国に登録している場合、その譲渡や貸付けに係る内外判定は、それを行うA社の住所地で行います。特許権が日本に登録されているかどうかは関係ありません。A社は内国法人ですので、この場合は国内取引になります。その上で、譲渡や貸付けの相手が非居住者ということになれば、輸出免税の対象になります。

【図表23】知的財産権の譲渡・貸付けに係る内外判定基準

	登録することにより発生する権利	創作により自動的に発生する権利
権利の種類	特許権、実用新案権、意匠権、商標権、回路配置利用権、育成者権（消令6①五）	著作権（出版権、著作隣接権その他これに準ずる権利を含む）、特別の技術による生産方式及びこれに準ずるもの（消令6①七）
取引時の資産の所在場所	1.　権利を登録した機関の所在地 2.　同一の権利を2か国以上で登録している場合は、権利の譲渡又は貸付けを行う者の住所地	権利の譲渡又は貸付けを行う者の住所地

一方、A社が特許権をX国だけで登録しており、それを譲渡等する場合は、国外取引になりますので不課税です。

　また、著作権やノウハウなど、それを創作した時点で権利が自動的に発生し、取得のために特段の手続を要さないものについては、内外判定は「著作権等の譲渡又は貸付けを行う者の住所地」で行います（消令6①七）。登録が必要な無体財産権で、2か国以上に登録がある場合の判定と同じです。

4　輸出免税

（1）輸出免税とはゼロ税率課税と同じ

　消費税が海外取引と関係する3つ目の場面は、輸出免税です。基本的な仕組みは、「資産の譲渡又は貸付けが日本からの輸出として行われる場合や、役務提供や無形資産の譲渡・貸付けが非居住者に対して行われる場合には、消費税の課税を免除する」というものです（消法7①、消令17②）。

　輸出とは、日本にある貨物を外国に向けて送り出すこと（関税法2①二）で、貨物を外国に仕向けられた船や飛行機に積み込むという、物理的な移転行為によって引渡しが行われる取引です。輸出免税となるためには、まずその取引が国内取引（課税の対象）であることが大前提になります。国内取引でなければ、もともと不課税です。その上で、引渡しが輸出という手段によって行われる場合には税を免除する、という規定です。

　ところで、ここでいう免税は、「消費税の免税事業者」というときの免税と、ちょっと意味が違います。「消費税の免税事業者」は、事業者自身の消費税の申告・納税義務が免除されるという意味で、事業者という個人や法人に対する属人的な措置です。申告義務そのものがないのですから、課税も還付もありません。

　　第2章　税制の目的と仕組みからリスクを考える

一方、輸出免税の方は、「課税になる国内取引ではあるが、引渡しの手段が輸出であることを条件に課税を免除する」という意味で、輸出取引だけに限った特別扱いです。課税は免除になりますが、仕入税額控除は国内の課税売上げと同様に行えます。ここは、非課税取引と大きく違うところです。

　ということは、輸出免税とは、「ゼロ税率で課税することを免税と呼んでいる」ようなものです。現在の消費税は10％と8％の2段階ですが、もう一つ、輸出取引にだけ適用になる「0％」という税率がある3段階の複数税率になっている、とイメージしてみてください。

（2）輸出する商品が消費税と縁を切らなければならない理由

　輸出取引では、売上に係る消費税を免税にする一方で、その資産の課税仕入れに係る消費税は、仕入税額控除をすることができます。免税となる理由は、輸入と逆に、商品が日本の国内ではなく、国外で消費又は流通することが前提になるからです。

　消費税は取引を課税対象にしているとはいえ、商品を日本国内で消費しない相手に日本の消費税を負担させることは、税法の趣旨から考えれば適当ではありません。

　また、国内での非課税取引のように、輸出が免税となる商品に累積してきた消費税が仕入税額控除できないことになると、控除できない消費税は原価にならざるを得ません。そうすると、そこに事業者の利益を乗せた商品価格は、それだけ高くなってしまいます。つまり、輸出先国で価格競争をする上で、商品原価に日本の消費税が含まれてしまっては不利になるということです。

　そこで、輸出売上には消費税をかけないとともに、国内での課税仕入れに係る消費税額を仕入税額控除の対象とすることで、商品原価に消費税を含めないようにします。輸出する商品を「消費税フリー」の状態にするわけです。これも、輸入消費税と同様に、消費税が価格競争に対し

て中立でいるための国境税調整の一部分です。

　日本の消費税フリーの価格で輸出した商品は、輸出先の国に消費税や付加価値税があれば、そこで改めて課税されるでしょう。このような、消費地又は輸出先国での課税を基本とする考え方を、「消費地国課税主義」とか「仕向地国原則」などと呼びます。

（3）不課税と輸出免税で課税売上割合の計算が違ってくる

　もともと国内にある商品を国外に向けて販売すれば輸出免税、国外にある商品を国外で販売すれば不課税で、いずれも対価に消費税は課税されません。

　一方、仕入税額控除は、国内において行う課税仕入れについて適用できます（消法30①）。課税仕入れに係る内外判定基準も課税売上げと同じですから、有形資産ならそれが譲渡の時に所在していた場所、役務ならその提供地が原則です。

　したがって、商品を国外で仕入れて国外で販売した場合には、売上も仕入も国外取引（不課税）で、消費税には関係してきません。しかし、国外で行う資産の譲渡等のために国内で行った課税仕入れがある場合には、仕入税額控除の対象になります。個別対応方式で計算する場合には、その区分は「課税資産の譲渡等にのみ要するもの」となります（消基通11-2-13）。

　また、輸出免税と不課税では、課税売上割合の計算も異なってきます。課税売上割合の分母と分子はいずれも、「国内において行った取引の対価の額」だけが対象になります（消法30⑥、消令48）。輸出免税は、その前提が国内における資産の譲渡等であるため、対価の額は分母にも分子にも算入されます。しかし、国外取引で不課税の場合の対価の額は、分母にも分子にも算入されません。したがって、対価が同じであれば、輸出免税の方が不課税よりも、課税売上割合が大きくなります。

（4）無形資産や役務の輸出とは非居住者に対して提供すること

　有形資産は必ず税関を通りますので、輸出したことを認識しやすい取引です。しかし、税関を通らない無形資産の譲渡や貸付け、又は役務（サービス）の提供が輸出されたかどうかは、何をもって判定すればいいのでしょうか？

　それは、「無形資産の譲渡又は貸付けや役務提供を行う相手が非居住者かどうか」です（消令17②六、七）。

　この基準が、有形資産でいえば「税関を通って国外に出ていったかどうか」に該当します。税関手続の代わりに取引相手で判断するもので、輸出類似取引などと呼ばれます。

　ところで、「非居住者」と聞けば、まずは所得税法上の非居住者（所法2①五）が思い浮かぶでしょう。国際課税の最重要単語です。しかし、注意すべきことに、消費税法上の非居住者は、所得税法上のそれとは違います。

　消費税法上の非居住者には、「外国為替及び外国貿易法」の定義が使われていて、個人と法人の両方を含む一元的な、消費税独自の定義になっています（**【図表24】**：消令1②二、消法8①、外為法6①六、「外国

【図表24】消費税法上の居住者と非居住者

居住者	本邦人	原則、居住者として取り扱う
	外国人	日本にある事務所に勤務する者、入国後6か月以上経過した者
	法人等	日本に主たる事務所を有する法人等、非居住者の日本にある事務所等
非居住者	本邦人	外国の事務所に勤務する目的で外国に滞在する者、2年以上外国に滞在する目的で出国し外国に滞在する者、出国後外国に2年以上滞在するに至った者
	外国人	原則、非居住者として取り扱う
	法人等	日本に主たる事務所を有さない法人等、居住者の外国にある事務所等

為替法令の解釈及び運用について（昭和55年11月29日付蔵国第4672号）」）。

　感覚的には、所得税の非居住者や法人税の外国法人とそれほど違わないのですが、判定のための滞在日数が少々異なっていたり、法人のことも居住者又は非居住者と呼んだりします。日本に主たる事務所を有さない法人（法人税では「外国法人」）でも、その日本支店は「居住者」です（法人税では「外国法人の恒久的施設（PE）」）。反対に、日本の法人の海外支店は「非居住者」になります。

（5）役務提供が輸出免税にならない2つの場合

　国内で役務を提供しても、その相手が非居住者であれば、原則として輸出免税が適用になります。しかし、ここで2つの例外に注意が必要です。

> ①　その非居住者が国内に事務所等を有している場合
> ②　役務提供によって享受される便益が、日本国内で完結する場合

　①は、例えば外国法人が日本に支店を置いている場合です。主たる事務所（本店登記）が日本にない外国法人は消費税法上の非居住者ですが、その外国法人の日本支店は、消費税法上の居住者に該当します（【図表24】アンダーライン）。そこで、日本の居住者となる事務所等を持っている非居住者に対する役務提供は、居住者である日本の事務所等を経由して行われたものとして、輸出免税が適用されません。ただし、一定の要件を満たせば、非居住者との直接取引として輸出免税の対象になる場合があります（消基通7-2-17）。

　また、②の例としては、日本国内に所在する資産の運送や管理、あるいは宿泊・飲食などの対個人サービスが挙げられます。一般的には、非居住者が観光で日本に来て、その過程で受ける種々のサービスなどのイ

メージです。相手が非住居者であれば輸出免税を適用するといっても、サービスの提供による便益をすべて日本国内で享受してしまうものは、輸出免税の対象から外すということです。

5 電気通信利用役務の提供

　国内の事業者からサービスを受ければ税込110円のところ、同じサービスを国外の事業者から受ければ消費税がかからず、100円で済む。この状況は国内事業者に不利で、国外の事業者との競争条件に歪みが生じています。消費税が、価格競争に対して中立ではないということです。

　インターネットを介して海外から提供される商品やサービスが急増し、このような不均衡が顕著になりました。無形資産やサービスは税関を通らず、国境税調整ができないからです。

　そこで、このような価格競争上の不均衡の是正を目的に、平成27年度の税制改正で、国境を越えた役務の提供に係る課税の見直しが行われました。インターネットを介した一定の海外取引を対象にした、消費税の納税義務者が対価の受領者から支払者に転換される「リバース・チャージ方式」の導入です。取り付きにくい用語です。

　ここで、重要な点を先に述べれば、リバース・チャージ方式は現在のところ、課税売上割合が95％以上の事業者には適用されません。ですから、大多数の事業者にとっては考えなくていいことです。

　以下、概要を見ていきますが、それはむしろ「適用しなくていいのに、間違って適用してしまわないように、念のために知っておく」ためです。それでも、そこに注意すべき点はあります。

（1）制度の概要

　まず、インターネットを利用した一定の取引が、「電気通信利用役務の提供」と定義されました。次に、この電気通信利用役務の提供に、専

用の内外判定基準が新設されています。「サービスの提供を受けた者の住所地が、取引の行われた場所（国）になる」というものです（消法4③三）。

　そして、電気通信利用役務の提供の中で、「国外事業者が提供するもの」であって、「提供を受ける者が通常、事業者に限られるもの」を「事業者向け電気通信利用役務の提供」（消法2①八の四）といいます。この提供を受けて対価を支払うのが、「特定課税仕入れ」です。

　リバース・チャージ方式とは、この特定課税仕入れをする事業者（インターネットを通じてサービスを受け、対価を支払う者）が、サービス提供者（外国の事業者）に消費税を上乗せして払う代わりに、自分が納税義務者となって、直接納税する方法です（消法5）。

　この制度では、何といっても電気通信利用役務の提供の定義、すなわち「自分が行った取引がこれに該当するのか？」の判定が重要です。該当すれば、役務の受け手である自分が日本の居住者か内国法人である限り、内外判定は国内取引になります。あとは、提供者が国外事業者かどうかと、事業者に限られるサービスかどうかを判定すれば、リバース・チャージ方式を適用すべきかどうかが決まります。

（2）電気通信利用役務の提供とは何か

　電気通信利用役務の提供とは、資産の譲渡等のうち、「電気通信回線を介して行われる著作物の提供その他の役務の提供」のことです（消法2①八の三）。これではあまりに漠然としていますが、国税庁は【図表25】のような、インターネットやクラウドを介したサービスを例示しています（消基通5-8-3、「国境を越えた役務の提供に係る消費税の課税に関するQ&A（平成28年12月改訂　国税庁消費税室）」から抜粋）。

　インターネットという場の利用を不可欠とするサービスやビジネス、といえるでしょうか。インターネットを介することが不可欠な、既存の商品（データやファイルなど）やサービス（データベースの検索システ

ムやオンラインゲームなど）の提供や、デジタル・プラットフォームを
ビジネスの場所や機会として提供することなどが該当します。

【図表 25】電気通信利用役務の提供の例示

▶ 電子書籍・音楽・映像・ソフトウェアの配信
▶ クラウド上でのソフトウェア、データベース、データ保存場所等の利用
▶ ウェブサイト上での商品販売場所や宿泊等の予約サイトの提供、広告の掲載
▶ インターネットを介して行う英会話教室
▶ 電話・電子メールによる継続的なコンサルティング

（3）他の資産の譲渡等に付随したネットの使用は該当しない

　ただし、大きな注意点があります。インターネットや電子メールは、
通信の手段として多くの取引の中で使われるものですが、その利用が
「他の資産の譲渡等に付随して行われるもの」である場合は、電気通信
利用役務の提供に該当しません（消法2①八の三）。

　例えば、**【図表 26】**のような、もともと他の資産の譲渡等である取引
において、付随的にインターネットや電子メール等を利用する場合は、
その取引は電気通信利用役務の提供に該当しません。

【図表 26】「他の資産の譲渡等」に付随して行われるインターネット利用の例

国内事業者との取引と、インターネットや電子メールを利用する状況	譲渡される資産や提供される役務
現地国で、特定の情報収集と分析を依頼し、結果の報告やプレゼンに利用	情報の収集・分析
ソフトウェアの制作を依頼し、制作過程の指示や成果物受領に利用	著作物の譲渡
国外資産の運用、管理、移動等を依頼し、その指示や状況報告に利用	資産の運用・管理

　該当しない場合は、資産の譲渡等の種類に応じて、通常の内外判定基

準によって判定します。納税義務者もリバース・チャージ方式ではなく原則どおり、資産の譲渡等を行った国外事業者です。

　電気通信利用役務とは、インターネットの空間がサービス提供の不可欠の舞台になるものですから、そうではない他の資産の譲渡や役務提供に付随して、譲渡等を遂行するための手段の一部分として指示や報告、成果物の提出などを行っても、該当しないということです。

（4）「事業者向け」電気通信利用役務の提供

　定義された電気通信利用役務の提供取引の中で、リバース・チャージ方式が適用になって納税義務者がサービスの受け手に転換される場合とは、事業として、「事業者向け電気通信利用役務の提供」を他の者から受けたときです（消法4①）。これを「特定仕入れ」といい、課税仕入れの中で特定仕入れに該当するものを「特定課税仕入れ」といいます。

　頭に「事業者向け」が付く電気通信利用役務の提供とは、国外事業者（所得税法の非居住者又は法人税法の外国法人）が提供する役務で、それを受ける者が通常、事業者に限られるものです。

　この「受ける者が通常、事業者に限られる」サービスとは、個人が最終消費者として受けるサービスではなく、事業者が事業遂行のために受けるサービスです。ネット上のショッピングモールへの出店、予約サイトへの掲載や手続代行、ネット上での広告の掲載などが典型的な例です。また、個別の契約内容等から見て、サービスの受け手がそれを事業に利用することが明らかなものも該当します（消基通5-8-4）。

　一方、一般的な電子書籍の購入などのように、事業者も個人消費者も同じように利用できるサービスは、受け手が事業者に限られていないので、電気通信利用役務の提供には該当しても、「事業者向け」には該当しません。このようなサービスは、便宜的に「消費者向け電気通信利用役務の提供」と呼ばれることがあります（後述）。

（5）リバース・チャージ方式とは納税義務者になること

　リバース・チャージ方式が適用になるのは、【図表27】に該当する事業者です。

　専用の内外判定基準（電気通信利用役務は、提供を受けた者の住所地が役務の提供場所になる）を新設しただけでは、それが国内取引として課税対象となっても、納税義務者は依然として国外のサービス提供者（A）です。国内のサービスの受け手（B）が消費税をAに支払い、Aが納税義務者として改めて日本に申告納税するのでは、消費税が国境を往復することになりますし、正しく納税されるかどうかにも不安が残ります。

　このような「行って来い」を省いて納税を確保するため、納税義務者を国外のAから国内のBに変更し、Bに直接納税してもらう方法がリバース・チャージ方式です。国から税金を請求（チャージ）される者が、普通と逆（リバース）になるということです。源泉徴収にも似ています。これにより、Bは同じサービスを国外・国内どちらから受けても、同じ消費税を支払うことになります。

　実はこの方法は、輸入貨物を引き取る時の、輸入消費税の納税と仕入税額控除の関係と同じです。「消費税から生じる価格競争上の不均衡を是正する」という目的が一緒なので、同じような方法になるのでしょう。

【図表27】リバース・チャージ方式が適用になる条件

> 事業者が、
> （1）「電気通信利用役務の提供」に該当するサービスで、
> （2）提供を受ける者が通常は事業者に限られるものを、
> （3）国外事業者から、
> （4）国内において受けた場合には、
> （5）提供を受けた事業者が消費税の納税義務を負う。

（6）当分の間、大多数の事業者には関係ない

　ところがここに、重要な規定があります。平成27年の改正消費税法の附則第42条は、「……当該課税期間における課税売上割合……が100分の95以上である場合には、当分の間、当該課税期間中に国内において行った特定課税仕入れはなかったものとして、新消費税法の規定を適用する」と規定しています。

　なかったことにするなどと聞くと、「リバース・チャージ方式で消費税を払わないで済むのか」と、ちょっと安心するかもしれませんが、それだけではありません。

　リバース・チャージ方式適用の引き金になる特定課税仕入れとは、「特定課税仕入れ＝特定仕入れ＋課税仕入れ」です。見てのとおりのハイブリッド用語で、課税対象（特定仕入れ）としての顔と、仕入税額控除の対象（課税仕入れ）としての顔と、2つの顔を持っています。仮に課税売上割合が100％なら、同じ消費税額が、課税と控除で両建てになるわけです。

　すると、納付すべき消費税額は差引きゼロですから、もともと両方計上しなくとも同じことです。課税と仕入税額控除で同額が両建てになるなら初めから何もしない、両方「なかったものとする」という意味です。仕入税額控除の対象にはならず、課税売上割合の計算にも関係しません。ですから、取扱いとしては不課税と同じになります。

　対象になるのは課税売上割合95％以上の事業者で、これは事業者のほとんどでしょう。非課税売上げがあっても課税仕入れの消費税の全額を仕入税額控除できる基準である、「95％ルール」と同じ基準になっています。しかし、「課税売上高が5億円以下」の基準はありませんので、その課税期間の課税売上割合だけで判定します。また、簡易課税で申告する場合も同様に、特定課税仕入れはなかったものとなります（平成27年改正消法附則44②）。

（7）「消費者向け」電気通信利用役務の提供とその例外

　リバース・チャージ方式は、事業者も個人消費者も同じように利用するサービス（消費者向け電気通信利用役務の提供）には適用されません。

　消費者向け電気通信利用役務の提供を受けても、納税義務者はサービスを提供する国外事業者のままです。さらに、対価を支払っても仕入税額控除の対象にもなりません（平成27年改正消法附則38）。事業のために使う電子書籍等を、個人消費者も利用するサイトで買ったとしても、仕入税額控除はできないわけです。

　ただし、大きな例外があります。それは、消費者向け電気通信利用役務を提供する事業者が「登録国外事業者」（同附則39）になっている場合には、仕入税額控除ができることです。登録国外事業者とは、消費税の申告義務者として日本で登録した事業者で、消費税を請求してきますし、払った消費税は仕入税額控除できます。

　登録国外事業者の請求書等には、「登録番号」と「課税資産の譲渡等を行った者が消費税を納める義務がある旨」の記載が義務付けられています。登録国外事業者は現在130社程度あり、国税庁のホームページ（https://www.nta.go.jp/publication/pamph/shohi/cross/touroku.pdf）で公表されていますので、確認できます。

（8）登録国外事業者はインボイス制度導入で役目を終える

　ところで、この登録国外事業者の制度は、令和5年10月からのインボイス制度の導入とともに廃止になります。では、消費者向け電気通信利用役務の提供を受けたら仕入税額控除が全くできなくなってしまうのかというと、そうではありません。

　令和5年9月1日の時点で登録国外事業者である者は、インボイス制度の施行日（10月1日）から、適格請求書発行事業者の登録を受けたものとみなされることになっています（平成28年改正法附則45①）。

すなわち、上記の 130 社程度の登録国外事業者は、自動的に普通の
インボイス発行事業者になるということです。

　登録国外事業者とは、インボイスの導入で実現しようとしている「課
税事業者を判別するための登録番号制度」を、国外事業者に限って先取
りしていたような制度で、疑似的インボイス制度ともいえるものでし
た。したがって、本来のインボイス制度の導入に伴い、その役目を終え
ることになります。

　一方、登録国外事業者ではない大多数の国外事業者は、新しいインボ
イス制度の下では、国内の事業者と同様に、新たに適格請求書発行事業
者の申請をして登録を受けないと、インボイスを発行できません。当
然、課税事業者であること又はそれを選択することが前提になります。

　インボイスがないと、対価を支払う側では仕入税額控除ができず、
「免税事業者からの仕入」と同様の状況になります。令和 5 年 10 月以
降は、インボイス制度の観点からは国内事業者と国外事業者の取扱いの
違いはなくなり、インボイスの有無で仕入税額控除ができるかどうかが
決まるという大原則が残ることになります。

VI 国際的な租税回避を防止する税制

1 日本から流出した所得を取り返す税制

(1) 国際的租税回避とは

　国際的租税回避などといわれると、何か世界を股にかけた脱税まがいの行為のように聞こえるかもしれません。もちろんそのような行為も含まれるのですが、少なくともこれを防止・是正する税制の観点からは、租税回避とは、かなり幅の広い内容になっています。「こんなことまで、租税回避と呼ばれるの？」という感じです。

　課税になる事実を仮装・隠ぺいして税を逃れるのは脱税です。これに対し、仮装や隠ぺいなどをせず、商流に沿った損益と貸借が取引当事者の帳簿等に計上されているとしても、その取引を異常又は変則的な形で行う（硬い表現では「私法上の形成可能性を濫用する」）ことで税負担の軽減や回避を図る行為が、一般的に租税回避と呼ばれています。

　「国際的」租税回避とは、このような行為を通じて、日本の課税所得が海外に逃がされている状況をいいます。

　しかし、取引が異常又は変則的かどうか、あるいは租税回避を図る意図の有無などは、個々の取引ごとに判定しようとしても難しい場合が多くあります。

　そこで、国際的租税回避かどうかを個別に判定することに代えて、各税制がターゲットとする取引や海外子会社に対して各種の基準や所得の計算方法を適用し、日本から過度に流出している（と考えられる）所得を算定して課税する仕組みが採られています。

　したがって、国際的租税回避を防止、是正する税制群（【図表5】）は、租税を回避しようとする意思や目的の有無を要件にしてはいません

し、取引が会計上、適切に記録されていることを前提にしています。

　強いていえば、一定の客観的な基準に基づいて算出された、日本側の課税所得の不足額を、「租税回避により日本から海外に流出した所得」と推認するような考え方です。

（2）支配関係のある外国法人との取引だけが対象

　このような所得を過度に海外流出させる取引のほとんどは、支配関係のあるグループ会社間の取引を通じて行われます。そのため、租税回避防止ルールの税制群は、支配・被支配の関係がある外国法人（子会社・兄弟会社・親会社など）との取引や、企業グループの中で行われるスキーム取引（あらかじめ目的を持って計画された一連の取引）を狙い撃つ制度になっています。

　したがって、海外子会社や外国親会社を持っておらず、海外取引を第三者だけとしている内国法人は、基本的には租税回避防止ルールとは縁がありません。しかし、海外子会社を持った途端に、このルールとの縁が生まれることになります。

　1つの海外子会社は、税制ごとに独立して、適用の対象になります。タックス・ヘイブン対策税制の対象になったら移転価格税制の対象にならない、ということはありません。海外子会社ごとに、いろいろな税制の適用候補者としてエントリーされた税法上の名前が付きます。日本の親会社に支配されている海外子会社は、タックス・ヘイブン対策税制では「外国関係会社」と呼ばれ、移転価格税制では「国外関連者」と呼ばれます。いわば、海外子会社の国際課税上の肩書です。

　なお、令和4年で終了した連結納税制度や、そこから移行したグループ通算制度の対象となる親法人や子法人は内国法人に限られており、海外子会社（外国法人）は対象外になっています。

2 タックス・ヘイブン対策税制

(1) タックス・ヘイブン対策税制と CFC 税制

「タックス・ヘイブン（Tax Haven)」は、「税金から退避する場所」という意味です。天国（Heaven）ではありません。税制がない、又は名目的な税しか課さない国や地域を指す一般的な言葉として、広く使われてきました。

タックス・ヘイブンといわれる国や地域（以下「TH 国」といいます）に子会社を設立し、取引に介在させたり資産を保有させたりして、本来は親会社で課税される所得をそこに移し、本国での課税を逃れる行為は、親会社の所在地国としては見逃せない行為です。このような行為は、「TH 国による他国の課税ベース（税源）の浸食」ともいわれています。税源を奪われる国側からの表現です。

ところで、「タックス・ヘイブン対策税制」というストレートな呼び名は、少々古くなりつつあります。

日本の税制（措法 66 の 6）ができた 40 年以上前（昭和 53 年）には、TH 国とは何か特別な場所で、そこに子会社を持っているというだけで、「日本の課税を逃れているのではないか」と思わせる響きがありました。

その後、国際的な取引や各国の税制が急速に変化して、いわゆる TH 国ではなくとも、外国に設立した子会社が無税や軽課税になる機会が広がりました。同時に、有利な税制が存在する国に子会社を設立し、そこと取引すること自体は何ら悪いことではない、という認識も浸透してきました。

多くの国が、外資誘致などの目的で各種の優遇税制を整備したことや、世界での競争的な法人税率の引下げ、足の速い所得（金融や投資から生じる受動的所得）の国際的な取引がいっそう活発になったことなどが、その背景にあります。もちろん、2015 年の「パナマ文書」の流出

などで見られるように、以前から TH 国として知られている国も利用され続けています。

　このため、TH 国に限らず、「親会社が事業内容をコントロールできる海外子会社を使って、納税額を過度に減少させる行為」を防止・是正する制度として、CFC（Controlled Foreign Company）税制とも呼ばれます。ここからは、呼び名を「CFC 税制」として、制度の仕組みとリスクのありかを見ていきます。

（2）海外子会社の所得を親会社の収益とみなす仕組み

　CFC 税制は、日本の親会社の課税所得を、課税の軽い国の子会社に付け替えることを防止・是正するために、一定の海外子会社に生じた所得を日本の親会社の収益の額とみなして（親会社の所得に合算して）課税する制度です。

　税制のターゲットになっているのは海外子会社の所得ですので、形式上は、日本の親会社が海外子会社と直接取引していなくとも、合算課税の可能性は生じます。一定の支配関係（日本からの出資等の合計が50 ％超）があって、その上で利益の分配が受けられる一定の出資等（単独で 10 ％以上）の関係さえあれば、その海外子会社は合算の候補になります。

　その次の段階で、その候補となる子会社自身が、実際に合算の対象になるかどうかの判定をすることになります。判定は、海外子会社の経済活動に関する実態と、現地国に支払う租税の負担割合の 2 点の組み合わせで行います。

　制度の中には、各種の割合に関する細かい計算があるかと思えば、現地での子会社の実態に関する個別性の高い事実認定の基準もあり、かなり複雑です。思い切って仕組みを単純化してみると、次のようになります。

① 日本の株主（単独でも複数でも）から支配されている外国法人
　の中から、

② 「その外国法人が現地国に所在して事業を行うことの経済合理
　性」（経済活動基準）と、「その外国法人の現地国における税負担
　の割合」（租税負担割合）という2つの基準によって合算対象と
　なるものを絞り込み、

③ 対象となった外国法人の所得の全部又は一部（受動的所得の
　み）を、日本の株主等の収益の額とみなして、利益分配を受けら
　れる割合に応じて課税する。

　税法の用語では、上記①の日本の株主から支配されている外国法人
を、「外国関係会社」といいます。居住者や内国法人からの直接・間接
の出資（株主等が複数の場合はその合計）が50％超となる外国法人で
す。普通に海外子会社と認識される外国法人なら、ほとんどが該当する
でしょう。合算課税の候補者となりますが、これだけではまだ合算課税
になるかどうかはわかりません。

　次の②の、「経済活動基準」と「租税負担割合」という2つの基準の
組合せによる判定が、税制の根幹部分です。

　経済活動基準とは、「子会社が現地国に存在する経済的な合理性」を
測定する4つの基準をまとめた呼び方です。4つの基準を全部クリアす
れば、晴れて「独立性と事業実態のある（当たり前の）会社」というこ
とになります。クリアできない基準がある場合は、その状況と租税負担
割合の組合せによって、親会社に合算される子会社の所得の内容が変
わってきます。

　また、租税負担割合とは、海外子会社の所得を日本の法人税法で計算
した課税所得に引き直した金額に対する、現地国での納税額の割合で
す。重要な基準値は、「30％未満」と「20％未満」の2つです。

　最後の③で合算される子会社の所得は、（ア）子会社のすべての所得

（能動的所得＋受動的所得）の場合と、（イ）子会社の受動的所得だけの場合の、2つのパターンに分かれます。この結果は、②の租税負担割合と経済活動基準のマトリクス的な組合せによって決まります。

　合算される子会社の所得は、日本の株主や出資者が複数いる場合には、それらの持分によって按分されます。親が一人だけの100％子会社なら、全額が親会社で合算です。

　以上が制度の概要ですが、税制の仕組みとリスクをもう少し具体的に見ていきます。合算の考え方や筋道の分かりやすさを優先するために、いくつかの細かい規定や計算を省略している点をご了解ください。

（3）外国関係会社の判定は連鎖方式で

　外国関係会社とは、日本の居住者や内国法人からの直接・間接の出資や株式、議決権、剰余金の配当請求権のいずれか（複数いるならその合計）が50％超となる外国法人です。

　ここでの間接保有は、「50％超の保有が連続しているか（連鎖方式）」で判断します。移転価格税制における国外関連者の判定と同じ方法です（ただし、移転価格税制の場合は「50％以上」の連鎖関係が要件になっています）。

　途中で50％超の鎖の輪が切れればその先はゼロで、その線はそこで終わりです。例えば内国法人Aが外国法人Bに40％出資し、Bが外国法人Cに80％出資している場合、連鎖方式によれば、A・B間が50％超ではありませんので、AのCに対する間接持分はゼロです。一方、AがBに60％出資、BがCに80％出資であれば、AのCに対する持分は80％です。

　これに対し、後述の「子会社所得を合算する場合の保有割合」の計算は、連鎖方式ではなく掛け算方式になります。上記のAがBに60％出資、BがCに80％出資の例では、AのCに対する持分は48％（60％×80％）となります。

　　　　第2章　税制の目的と仕組みからリスクを考える

（4）合算課税を決めるマトリクス

　外国関係会社のうち、その所得の全部又は一部が合算の対象となるものは、経済活動基準と租税負担割合という2つの基準によって決定されます（【図表28】）。

　経済活動基準は4種類あり、そのクリアの状況によって、3つの場合に分かれます。それは【図表28】の縦軸で、「基準のクリア状況」によって3つに分かれています。税法上は、それぞれに○○外国関係会社という区分された肩書が付きます（措法66の6②二、三、六）。特定外国関係会社（事業実態が認められないペーパー・カンパニー等）、対象外国関係会社（事業実態が十分とは認められないもの）、部分対象外国関係会社（事業実態があると認められる当たりまえの会社）です。

　次に、横軸は租税負担割合です。30％未満と20％未満を境目にして、やはり3つの場合に分かれます。

【図表28】経済活動基準と租税負担割合の組合せによる合算課税の仕組み

4つの基準の名称	基準のクリア状況	税法上の肩書	租税負担割合（適用免除基準）		
			30％（注1）以上	30％（注1）未満	20％未満
経済活動基準　①事業基準②実体基準③管理支配基準④非関連者基準　又は　所在地国基準（業種によりいずれか適用）	②と③の両方とも×	特定外国関係会社	所得の合算なし	外国関係会社の全所得（能動的所得＋受動的所得）を合算（＝会社単位の合算）	
	①～④のいずれか1つでも×	対象外国関係会社			
	①～④のすべてが○	部分対象外国関係会社			受動的所得だけを合算（注2）

（注1）令和6年4月1日以後に開始される事業年度からは、27％となる。
（注2）受動的所得が2,000万円以下、又は所得の5％以下であれば合算は免除になる。

しかし、ご覧のとおり 30 ％以上であれば、それだけでもう合算課税はありませんので、経済活動基準は考える必要はありません。

　なお、この 30 ％という基準は、合算する親会社の令和 6 年 4 月 1 日以後に開始する事業年度からは、「27 ％」に改正されます（令和 5 年度税制改正大綱）。海外子会社が特定外国関係会社に該当すれば、租税負担割合が 27 ％未満である場合には、会社単位の全所得が合算課税になるということで、合算になる要件が少々緩和されるということです。

　もう一つ重要な点は、合算される海外子会社の所得にも、「会社単位のすべての所得（＝能動的所得＋受動的所得）」と、「受動的所得だけ」の 2 種類があるという点です。

　能動的所得とは、製造や販売など、子会社の能動的な事業活動から生じる所得です。これに対して受動的所得とは利子、配当、使用料など、能動的な事業活動によらなくとも稼得できる、資産運用のリターンである所得です。CFC 税制では「特定所得」といって、12 種類が列挙されています（措法 66 の 6 ⑥一〜十一）。

　受動的所得だけが合算されるのは、【図表 28】の右下、すなわち部分対象外国関係会社の場合だけです。これは、海外子会社が経済活動基準の 4 つの基準をすべてクリアしている当たり前の会社ではあるけれども、租税負担割合が 20 ％未満である場合です。つまり、事業実態を備えた経済合理性のある海外子会社であっても、租税負担割合が 20 ％未満の場合は、受動的所得（特定所得）だけはとにかく合算になる、ということです。

　ただし、受動的所得だけの合算については、金額による合算免除の規定があります。受動的所得が 2,000 万円以下、又は所得の 5 ％以下である場合には、合算課税は適用されません（措法 66 の 6 ⑩二、三）。

　受動的所得で 2,000 万円というのはかなりの金額ですから、中堅規模の法人を中心に、この規定によって合算課税が行われない場合も多いと思われます。

なお、この金額による少額免除が適用されるのは、経済活動基準をすべて満たした部分対象外国関係会社に限ります。経済活動基準を1つでも満たさない海外子会社（特定外国関係会社や対象外国関係会社）はその子会社の全所得が合算の対象になりますが、その場合には金額による合算課税の免除はありませんので注意してください。

（5）租税負担割合は日本の税制を基に計算するもの

　租税負担割合は、次の計算式の割合です（措法66の6⑤、措令39の17の2）。

租税負担割合＝

$$\frac{外国関係会社に課される外国法人税}{現地法令による所得＋現地で非課税（日本なら課税）となる所得}$$

　税法をよく読むと、この他にも分子や分母の調整項目があるのですが、これが基本形です。普通に考えれば、分母の「現地法令による所得」に現地の法定税率を乗じたものが、分子の「外国法人税」になっているはずです。

　しかし、ここで注意すべき点は、租税負担割合とは、「外国関係会社の所得を日本の税法上の課税所得として計算し直したものと、現地の納税額を比較したら、負担割合はどれくらいか」を見るものだということです。したがって分母には、「現地国の税法では課税にならないが、日本の税法では課税になる所得」が含まれます。現地国での法定税率が20％ちょうどであれば、分母にこのような加算調整が入ると20％を割り込んでしまいますので、この点は特に要注意です。

（6）経済活動基準は全部クリアできて当たり前

　外国関係会社が現地国で、実態と経済合理性を伴う事業活動を行って

いる限り、いくらその国の税金が安いからといっても、そこから生じる事業所得（能動的所得）を日本でも課税することはありません。税制が、企業の健全な海外事業活動を阻害しないためです。この観点から、外国関係会社が現地国で、通常の海外事業活動をしているかどうかをテストするのが、経済活動基準です。平成29年のCFC税制の大きな改正以前は、ほとんど同じ内容の基準が「適用除外基準」と位置付けられていましたが、税制改正で位置付けが変わりました。

　経済活動基準は4つの基準から構成されています（**【図表29】**）。

【図表29】経済活動基準の内容

	基準	クリアの要件	内　容
1	事業基準	主たる事業が「株式や債権等の保有」「工業所有権や著作権等の提供」「船舶・航空機の貸付け」ではない	「事業の性質上、その国でなくとも行うことが十分可能な事業」が列挙されている
2	実体基準	本店所在地国に、主たる事業に必要な事務所等の固定施設を有する	事務所、店舗、工場その他の固定施設（賃借でも可）を有し、そこを実際に使用して事業を行っていること
3	管理支配基準	本店所在地国において事業の管理、支配及び運営を自ら行っている	株主総会や役員会の開催、事業計画の策定、役員等の職務遂行、帳簿の作成・保管その他の状況を総合勘案して判定
4	非関連者基準	主として関連者（50％超出資会社等）以外の者と取引を行っている	卸売業、銀行業、信託業、金融商品取引業、保険業、水運業、航空運送業、航空機貸付業に適用
	所在地国基準	主として本店所在地国で主たる事業を行っている	上記の非関連者基準が適用される業種以外の業種に適用

　この中で、実体基準と管理支配基準（措法66の6②三ロ）は、まさに外国関係会社が現地国で実体を有し、独立した管理運営の下に事業を行っているかどうかを見るものです。実体基準は所在地国で事業を行うためのハードウェア、管理支配基準はソフトウエアの存在の判定といえ

　　　第2章　税制の目的と仕組みからリスクを考える

ます。

これらの判定は、実体や活動に関する事実認定とその評価にかかっていますので、税務調査や訴訟でも昔から問題となることが多い、重要な基準です。

マトリクス（【図表28】）でお分かりのとおり、この２つの基準を両方とも満たさない外国関係会社は、いわゆるペーパー・カンパニーと見られて合算の要件が厳しくなっており、租税負担割合が30％未満であれば、子会社の所得すべてが合算になります。

事業基準は、外国関係会社の主たる事業がどのようなものかで判定するものです。租税特別措置法にはクリアできない事業が列挙されており（措法66の6②三イ）、これらは主として受動的所得を稼ぐ事業です。ただし、子会社等の事業活動を管理、調整するなどの一定の活動を行う事業統括会社等は、「クリアできない事業」から除かれています。

非関連者基準と所在地国基準は対になっていて、外国関係会社の主たる事業の内容によって、どちらか一方が適用になります（措法66の6②三ハ）。

非関連者基準が適用されるのは、卸売業、銀行業、信託業、金融商品取引業、保険業、水運業、航空運送業、航空機貸付業です。これらの業種の事業活動は国際的になることが多いため、所在地国で事業を行っているか否かではなく、事業を主として非関連者と行っているか否かで判定します。このような事業で身内とばかり取引しているなら、あえて軽課税国に会社を置く経済的合理性はない、という考え方です。

これに対し、所在地国基準はそれ以外の業種が対象になるもので、その事業を主として本店所在地国で行っているかどうかで判定します。製造業や小売業などの場合に、事業活動と所在地国との地理的な結び付きが強いかどうかを見るものです。

4つの基準に優先関係はありませんが、次のような順に見て行けばいいでしょう。

①　どの国でもできる事業には当たらないか？（事業基準）

②　現地に独立した企業としての施設と事業の管理機能を有しているか？（実体基準・管理支配基準）

③　その国に法人を設立して事業を行っている経済的合理性があるか？（非関連者基準又は所在地国基準）

（7）　合算金額を複数株主で分けるときは掛け算方式で

　もし、所得が合算になる外国関係会社の日本株主が1社だけ（100％子会社）なら、すべてその株主に合算になりますので、分かりやすい関係です。しかし、外国関係会社の日本株主が複数いる場合には、まずは「直接・間接に10％以上を保有する株主」だけが合算の対象になります（措法66の6①各号）。

　したがって、例えば外国法人に対する出資割合が8％の内国法人は、外国関係会社に該当するか否かの判定（日本からの出資が合計で50％超）の際には考慮されますが、その外国関係会社に合算すべき所得が生じても、CFC税制の納税義務者にはならない（合算課税は行われない）ということになります。

　次に、日本の株主が複数いる場合には、合算されるべき金額は、各株主の直接・間接の出資割合に応じて配分されます。この場合の間接保有割合の計算は、子会社が外国関係会社に該当するかどうかの判定に使った「連鎖方式」ではなく、「掛け算方式」で行います。利益の配分を受けられる権利の持分に応じて按分されるわけです。

　なお、内国法人に合算された所得に対して、仮に少額でも現地国で外国法人税がかかっている場合には、その金額については国際的二重課税が生じますので、合算になる内国法人の日本での法人税申告上、外国税額控除の対象になります（措法66の7）。また、合算の対象となった外国関係会社の利益から、合算された内国法人に配当が行われた場合に

は、配当は原則として益金不算入となります（措法66の8）。

3　移転価格税制

（1）親子に冷たい移転価格税制

　移転価格税制は、昔からよく次のように説明されてきました。

> 　法人が、赤の他人には100円で売る商品を、海外子会社には97円で売る。法人は3円損するが、海外子会社は3円安く仕入れる分だけ利益が増える。
>
> 　この3円が、「取引価格が独立企業間価格（100円）ではないために、日本から海外に流出した所得」となる。法人が海外子会社から相場より高く仕入れても同様に、所得の海外流出が生じる。
>
> 　移転価格税制はこれを防ぎ、国境をまたいだ取引から生じる利益を、独立企業間価格に基づいて、日本と外国の間で適正に配分することを目的としている。

　移転価格税制では、日本から海外流出したと考えられる金額を、「独立企業間価格（Arm's Length Price：以下「ALP」といいます）」を基準にして計算します。ALPを、日本と取引相手国それぞれの利益を適切に分ける分水嶺と考えるわけです。したがって、ALPの適切な算定が、申告や税務調査の際の最重要事項です。

　ALPとは、取引が独立した事業者（第三者）との間で、通常の取引条件に従って行われるとした場合に支払われるべき対価の額です（措法66の4②）。取引価格がALPになっていれば、移転価格の問題は生じません。ALPの"Arm's Length"とは「腕の長さ」のことですが、一定の距離を置く（よそよそしい）という意味もあります。取引当事者が親子であるという特殊事情を考慮せずに、当事者が果たした役割、機能、

貢献度などに見合った、適切な利益を双方に配分するための「ソーシャルディスタンス価格」です。

　税法には、ALP算定のための方法が詳細に定められており、これが移転価格税制の根幹です。それ以外の制度の枠組みはそれほど複雑ではなく、例えばCFC税制に比べればはるかに単純です。概要は【図表30】のとおりです。

　国際的に大きく展開していて、子会社・孫会社以下の多くのグループ法人を擁している多国籍企業グループの場合には、取引相手が国外関連者に該当するかどうかの支配関係に関する判定に注意が必要になります。

　また、移転価格税制は国外関連者との取引によって、日本側の利益が小さくなっている場合にのみ発動します。すなわち、日本法人が支払を受ける対価がALPより安い時、又は支払う対価がALPより高い時だけ税制が適用されるのであって（措法66の4①）、取引価格がALPと異なっていても、日本法人側が得している場合には適用されない（この税制で日本の所得が減額されることはない）ということです。ここに、利

【図表30】移転価格税制の対象者と対象取引

	項目	対象者・取引	概要
1	適用対象者	日本で法人税の納税をする法人	内国法人のほか、外国法人の日本PE（日本支店等）も含まれるが、個人は対象外
2	対象となる取引相手	国外関連者（特殊の関係のある外国法人）	特殊の関係：①一方が他方の出資等の50％以上を直接・間接に保有（親子関係）、②同一の者が両者の出資等の50％以上を直接・間接に保有（兄弟関係）、③一方が他方を実質的に支配、のいずれか（注）
3	対象となる取引	国外関連者との取引（国外関連取引）	資産の販売、購入、役務提供等の国外関連取引で、受取対価がALPに満たない、又は支払対価がALPを超えている（日本側が損している）場合に是正

（注）間接持分は、50％以上の関係が連続すればいい「連鎖方式」で判定

益の海外流出の防止に特化した、租税回避防止のための税制であること
が表れています。

（2）最重要事項はコンパラ探し

　移転価格税制ではALPの算定が命です。合理的と思われる算定方法
なら何でもいいということではなく、法定されている方法に基づいた算
定でなければなりません。さらにその中でも、その取引のALPを算定
するために最適な方法を選ぶ必要があります（措法66の4②）。このた
め、多くの資料や事実関係の分析が必要で、ALP算定には相当の事務
量がかかります。

　ALP算定の基本的な考え方は、「第三者が行う取引との比較」です。
ALPを算定したい取引と比較することが可能な非関連者間の取引を、
「比較対象取引」といいます。比較可能（Comparable）という用語を縮
めて、「コンパラ」などともいわれます。

　ALPの算定は、コンパラの価格や利益率等を基に行われますので（措
通66の4(3)-1）、コンパラが見つかれば、算定の道筋が見えたことにな
ります。そのため、ある取引がコンパラになり得るかどうかの検討が極
めて重要です。

　この検討を「比較可能性分析」といい、コンパラの探索・選定に当
たっては、事業の内容等の基本的な事項のほかに、棚卸資産の種類や人
的役務の内容等、売手又は買手の果たす機能（引き受けるリスクや使用
される無形資産を含みます）、契約条件、市場の状況、売手又は買手の
事業戦略等を勘案することとされています（措通66の4(3)-3）。

　さらに、必要に応じて、見つかったコンパラとALPを算定したい取
引との間の取引条件等の差異を調整しなければなりません。比較可能性
が十分でない場合はコンパラとして使用できず、コンパラが見つからな
ければ移転価格課税は先に進めません。

（3） ALP の算定方法

　法定されている方法は、「基本三法」と呼ばれる 3 種類の方法を中心にして、これ以外に「その他政令で定める方法」として 5 種類の方法があります。これらの方法は、OECD が示す移転価格ガイドラインで国際的に認められた方法です。移転価格課税が行われると、国外関連者との間の経済的二重課税を排除するために取引相手国との間での相互協議になることが多いので、ALP の算定はグローバル・スタンダードに基づいた方法で行われる必要があります。法定方法の一覧は、【図表31】のとおりです。

　方法の呼び方はいかにも税法ですが、「準ずる方法」とは、もとの方法の考え方から乖離しない限りにおいて、取引内容に適合した合理的な方法ということです。現実の取引は極めて個別性が高いので、法定の方

【図表31】ALP を算定する法定の方法

	棚卸資産の販売又は購入の取引	棚卸資産以外（役務提供等）の取引
	【基本三法】	
①	独立価格比準法	独立価格比準法と同等の方法
②	再販売価格基準法	再販売価格基準法と同等の方法
③	原価基準法	原価基準法と同等の方法
	①から③までの各方法に準ずる方法	①から③までの各方法に準ずる方法と同等の方法
	【その他政令で定める方法】	
④	比較利益分割法	比較利益分割法と同等の方法
⑤	寄与度利益分割法	寄与度利益分割法と同等の方法
⑥	残余利益分割法	残余利益分割法と同等の方法
⑦	取引単位営業利益法	取引単位営業利益法と同等の方法
⑧	ディスカウント・キャッシュ・フロー法	ディスカウント・キャッシュ・フロー法と同等の方法
	④から⑧までの各方法に準ずる方法	④から⑧までの各方法に準ずる方法と同等の方法

法がそのまま適用できるものばかりではありません。そこで、実際の取引
態様に適応した合理的な計算方法を採用する余地を残しているものです。

　また、法定方法は棚卸資産の売買を前提としています。それ以外の取
引（例えば、役務提供取引や金融取引など）の ALP を、法定方法であ
る○法の考え方に基づいて算定する場合に、それを「○法と同等の方
法」と呼びます。「同等の方法」というのは、棚卸資産の売買取引以外
の ALP を算定していますよ、という記号のようなものです。

　例えば、サービス提供の対価の ALP を、原価基準法の考え方から乖
離しない合理的な方法で算定する場合に、面倒ですが「原価基準法に準
ずる方法と同等の方法」と呼ぶわけです。

　以下、各方法を簡単に説明します。

①　独立価格比準法

　（Comparable Uncontrolled Price Method：CUP 法）

　国外関連取引の価格と比較対象取引の価格を直接比較する方法で、
ALP を算定する最も直接的な方法です。

②　再販売価格基準法（Resale Price Method：RP 法）

　売手の販売価格の ALP を求める場合に、買手がその後に第三者に
販売した価格から、その販売における「通常の利益の額（コンパラか
ら算定）」を控除した金額を、買手の仕入価格（＝売手の販売価格）
の ALP とする方法です。売上総利益の水準を比較して価格を導くも
ので、卸売等の業態に向いています。

③　原価基準法（Cost Plus Method：CP 法）

　売手の販売価格の ALP を求める場合に、売手の商品の取得原価
に、その販売における「通常の利益の額（コンパラから算定）」を加
算した金額を、販売価格の ALP とする方法で、製造等の業態に向い
ています。

④～⑥　利益分割法（Profit Sprit Method：PS 法）

　取引から生じた利益を、取引当事者の利益への寄与度に応じて分割・配分する方法です。外部にコンパラを見出せない場合に有用ですが、寄与度の判定要因（利益分割ファクター）の選定に難しさが伴います。「④比較利益分割法（Comparable Profit Sprit Method)」は、外部の非関連者の利益配分割合を比較対象とするもので、「⑤寄与度利益分割法（Contribution Profit Sprit Method)」は、取引当事者それぞれが支出した費用等を分割ファクターとして利益を配分する方法です。外部でコンパラを探さなくて済む（内部情報で済む）のですが、ファクター選択の適正性の問題が残ります。

　「⑥残余利益分割法（Residual Profit Sprit Method)」は、取引に無形資産（ブランドやノウハウ等）が含まれる場合に、(i) まず取引から生じる利益全体から、当事者双方の通常の機能（製造、卸売、販売等）だけに基づく利益（基本的利益）を他の法定方法で算出して切り出し、各当事者に配分します。(ii) 次に残った利益（残余利益）を無形資産の使用から生じた利益として、各当事者が無形資産の形成に要したコスト等を分割ファクターとして配分する方法です。

⑦　取引単位営業利益法

（Transactional Net Margin Method：TNMM）

　同じ種類の取引を単位として、一定期間（例えば、事業年度の1年間）の総売上高に係る営業利益を、外部の比較可能なデータ等による第三者の営業利益（＝独立企業間利益率）と比較する方法です。子会社全体、又は事業セグメント全体の営業利益等で比較でき、現在のALP 算定方法の主流となっています。

⑧　ディスカウント・キャッシュ・フロー法

（Discount Cash Flow Method：DCF 法）

ユニーク（唯一無二）なブランドなど、外部にコンパラがないから
こそ高い価値を有する無形資産の譲渡対価や使用料に適用するＡＬＰ
算定方法として、令和元年度の税制改正で導入されました。無形資産
から将来的に生じると予測される収益額を現在価値に引き直して、取
引時の無形資産の価格を決める方法です。予測に基づく方法なので、
他の算定方法が使えない場合だけに使える方法です。

　税制改正では同時に、法人が当初用いた収益予測と、その後の実際
の結果が大きく相違した場合には、税務当局が過去に遡ってＡＬＰを
算定し直して更正等ができるルール（所得相応性基準）も導入されて
います（措法66の４⑧⑨）。税務当局がこのルールを発動するために
は、各種の制限的な要件がありますが、無形資産のＡＬＰ算定を巡る
移転価格税制の重要な改正です。

（4）実務の主流は取引価格よりも利益率

　前述の移転価格税制の「昔ながらの説明」は、取引の価格に着目して
います。しかし、商品や取引は個別性が強く、さらに商品に無形資産が
含まれていたりすると、価格の観点から比較可能なコンパラを外部から
探してくることが難しくなります。法人が、国外関連者に売っているの
と全く同じ商品を第三者にも売っているなどの絵に描いたようなコンパ
ラ（内部コンパラといいます）があればいいのですが、なかなかそうも
いきません。

　そこで、最近のＡＬＰ算定方法は、税務調査や事前確認も含めて、価
格よりも取引当事者である法人の年間利益に着目する、取引単位営業利
益法（ＴＮＭＭ）が主流になっています。取引価格のコンパラを見つけ
るのではなく、海外子会社全体、あるいはある種類の商品の１年間の
取引全体に係る営業利益率のコンパラを、「同業種で同規模の取引を第
三者とだけ行っている企業」の中から探す方法です。

　この方法では、海外子会社の利益率がコンパラの利益率よりも高けれ

ば、それが親子間の取引価格が子会社有利になっている結果であると考えます。そして、コンパラの利益率を独立企業間の利益率として適用して、それに対応する独立企業間の利益額を計算し、海外子会社の利益額がこれを超えている部分を、日本から国外関連者に移転された所得として課税する方法です。

　海外子会社の事業内容が単一か、又は事業セグメントごとの損益が切り出せる場合に使われる方法です。価格ではなく利益の水準を比較するので、基本三法等と比べれば間接的な算定方法になりますが、多くの場合は公開情報（民間のデータベース等）から比較できる利益率を見つけられます。

（5）税務調査以前に求められる同時文書化

　移転価格税制に法定されている各種の算定方法に基づいて、ALP を適切に計算するためには、多くの資料と事実関係の分析が必要になります。日本の親会社だけでなく、取引している国外関連者側の詳細な情報や、企業グループが全体として行っている事業の状況についての情報も必要になります。

　これに対応するため、移転価格税制には「同時文書化義務」という納税者の義務が定められています。法人が、国外関連者との取引に関して、法人税申告書の提出期限までに、ALP の算定に関する一定の文書を作成しておく義務です。

　一定の文書とは ALP を算定するために必要と認められる書類（措法66 の 4 ⑥、措規 22 の 10 ⑥）で、これは「ローカルファイル」と呼ばれます。ALP の算定に係る根拠資料や事実関係の分析など、多くの書類が対象になっていて、既存の書類を数枚コピーして済むようなものではありません。かなり手間のかかる書類です。

　さらに、税務調査の際にこの文書を求められれば、一定の期間内（45日以内で調査官が指定）に提出しなければなりません。できなければ、

税務署は同業他社の利益率等を調べて ALP を決め、それに基づいた課税（推定課税）ができることになっています（措法 66 の 4 ⑫⑭）。納税者側には、自分の知り得ない材料に基づいて課税される、というデメリットが生じる可能性があるわけです。

かなり厳しい同時文書化義務ですが、「前年度の取引が受払合計で 50 億円未満、かつ、無形資産の取引が 3 億円未満」である国外関連者との取引については、申告期限までの文書作成は免除になっています（措法 66 の 4 ⑦）。中堅企業であれば、かなり多くの国外関連者との取引がこれに該当するでしょう。

しかし厳しいことに、免除になるのは「文書を申告期限と同時に完成させておく」という部分だけです。もし、その後に税務調査があって、ローカルファイルに相当する書類の提示を求められた場合は、やはり一定の期間内（60 日以内で調査官が指定）に提出しなければならないとされています。それができなかった場合は、税務当局は上記と同様の推定課税ができることになっています（措法 66 の 4 ⑭⑱）。

この同時文書化義務はグローバル・スタンダードになっていて、多くの国に同様のルールがあります。海外子会社が、現地国の移転価格税制上、このルールに該当して書類の作成や提出を求められる可能性もあるということです。

（6）相互協議は二重課税を解消する手段

日本の A 社の移転価格調査で、「X 国の子会社 B 社に対する売上は 90 となっているが、その ALP は 100 と算出されたので、10 を日本側の収益計上漏れとして課税する」という結論になったとします。

この課税により、A 社と B 社の間では、10 の経済的な二重課税が生じます。日本が一方的に A 社の収益を 10 増やしても、X 国ではそれを自動的に B 社の仕入や費用としては認めないからです。

この二重課税を解消するために、A 社が日本の税務当局に、「税務調

査により A 社側で新たに収益計上する 10 が B 社側で費用になるように、X 国の税務当局と協議してほしい」と申し立てることができます。これを受けて実施される二国間の税務当局による協議を「相互協議」といって、租税条約に基づいて行われる国際的二重課税の救済手段です。

両国間の協議で合意が成立すれば、A 社が収益計上する 10 が B 社の費用と認められますので、B 社の所得は 10 減少し、それに対応する X 国税額が B 社に還付されます。日本の A 社の追徴税額が、X 国から B 社に返されるイメージです（X 国の税率が日本より低ければ、還付額は小さくなります）。

なお、相手国との協議の結果、日本の当初の課税額が 10 から 7 や 6 になる可能性もあります。相手国としては、自分の国の法人に生じる新たな費用（＝税金の還付）は、小さい方がいいからです。課税額が当初のものから変わっても、協議が成立すれば、移転価格課税に基づく二重課税が解消されるので、納税者にとって大きなメリットのある制度です。

しかし、実務的な悩みもあります。相互協議には平均 2 年程度の期間と相当の事務負担、外部委託のコスト等が必要になるという点です（相互協議自体には料金はかかりません）。場合によっては、もとの移転価格調査よりも期間が長くかかることもあり、また、解消したい二重課税の額よりも協議のためのコストの方が大きくなる可能性もあります。さらに、協議が合意に至らない（二重課税が解消されない）リスクもあります。現実的には、否認による追徴税額に対するコストパフォーマンスの検討も必要ということです。

（7）事前確認制度は有効だが税務調査と同じくらいの手間がかかる

ALP の算定は、同時文書化を通じて法人が主体的に行わなければなりませんが、それでも税務調査による多額の追徴課税や多大な事務負担のリスクは常に残ります。

そこで、納税者の予測可能性の確保や、移転価格税制の適正、円滑な執行の観点から、法人が採用したい ALP 算定方法とそれを適用する取引を税務当局に申し出て、当局との話し合いの中で必要な修正を加えながら、「この算定方法で申告する限り、移転価格課税は行わない」という事前の確認が得られる手続が設けられています。「事前確認制度（Advance Pricing Arrangement：APA)」といい、原則として 3〜5 事業年度分の確認が受けられます。

　いわば当局のお墨付きをもらうということなので、納税者としては事前確認を受けておけば、移転価格課税のリスクが極めて小さくなります。とはいえ、実務的には、確認を受けるまでに本格的な移転価格調査を受けたのと同じくらいの期間と手間、そしてコストがかかります。

　また、日本の税務当局だけがお墨付きを出していても、取引先の国外関連者の所在地国の税務当局から移転価格課税を受けるリスクは残ります。移転価格というものは、常に取引の両側の国からウォッチされているのです。この対策として、相手国の当局からも同時に事前確認を取る方法もあります。この場合には、前述の相互協議を行うことになります。

　そうすると、相互協議の悩みが、ここでも生じてきます。コスパを検討する必要です。国外関連者との取引があまり多くなければ、その中で将来的に指摘されてしまうかもしれない追徴税額より、事前確認の時間やコストの方がよほど大きくなる可能性も考えられるからです。

　なお、APA の詳細は、国税庁が公表している「移転価格事務運営要領の制定について（事務運営指針)」（https://www.nta.go.jp/law/jimu-unei/hojin/010601/05.htm）に掲載されています。

4　簡易な移転価格調査

(1) 中堅企業にも身近な移転価格調査

　移転価格の税務調査といえば、大きな海外子会社を多数保有し、多額

の国外関連取引を行う多国籍企業に訪れるもの、というイメージがあるかも知れません。本格的な移転価格調査は1～2年かかり、多額の否認金額が出るものも見受けられます。このような本格的な調査に対しては、「日頃から気を付けていましょう」程度の心構えだけでは十分ではありません。同時文書化義務の遵守などをはじめ、国外関連者との取引価格や利益の状況に関する強い認識と管理分析が必須です。

　では、大規模に海外展開している法人でなければ、移転価格の税務調査は、それほど気にしなくてもいいのでしょうか？

　実はそうでもありません。税務当局は、本格的な移転価格調査とは別に、企業グループ内に限定した役務提供取引を対象とした、「簡易な移転価格調査（以下、「簡易TP調査」といいます）」を実施しています。中堅規模の法人にとっては、移転価格税制に関してはこちらの調査の方がより身近で、リスクとして強く意識しておく必要があります。

　本格的な移転価格調査は実施される件数も自ずと限られますので、一般的には大規模法人が対象になりやすいでしょう。

　これに対して、企業グループの本来の事業そのものの取引ではなく、企業グループ内に限定された役務提供取引（Intra-Group Service：以下「IGS」といいます）で、子会社等に対する支援的な性質を有しているもの（以下「低付加価値IGS」といいます）に対象を絞った移転価格調査があります。これが、「簡易TP調査」などと呼ばれます（【図表32】）。簡易といっても、税務当局が本気を出さない調査という意味ではありません。ALPの算定方法が簡易ということです。

【図表32】移転価格調査の便宜的な区分

	調査の内容
本格 TP調査	企業の<u>本来の事業</u>に係る取引価格や利益がALPかどうかを、原則的な（手間のかかる）算定方法で調査
簡易 TP調査	企業の<u>グループ内</u>で提供される「低付加価値IGS」等の対価がALPかどうかを、簡便な算定方法で調査

簡易 TP 調査は本格 TP 調査に比べて時間が短く、海外子会社が 1 社でもあれば、一般的な法人税調査の中で行われる可能性があります。中堅規模の法人にとっては、移転価格税制の問題として特別視するより、普段からの法人税法上の課題の一つとして、寄附金課税などと同様に注意しておく必要があるものです。

（2）簡易 TP 調査では ALP 算定に簡便法を使う

簡易 TP 調査のターゲットになる取引である低付加価値 IGS の代表的なものは、日本の親会社が海外子会社の業務の効率化やサポートのために行う、総務的・管理的な内部事務です。例えば、財務、会計、法務、情報通信サービス、人事や研修、福利厚生、広報の支援などです。

簡易 TP 調査とは、このような低付加価値 IGS の対価が子会社から十分に回収されていない場合に、独立企業間であれば得られたであろう対価相当額（＝低付加価値 IGS の ALP）の回収を指摘するものです。親会社が自分のコストを使って提供した役務の対価が回収されていないと、少なくとも（利益を別にしても）そのコストに相当する親会社の所得が、海外子会社に付け替えられたことになるからです。

本格でも簡易でも、指摘の根拠となる税法は同じです。異なるのは、簡易 TP 調査が対象とする低付加価値 IGS については、親会社が回収すべき対価（ALP）を算定するときに、本格 TP 調査とは異なる簡便な算定方法（【図表 33】）が選択できるという点です。

簡便法とは、海外子会社等に対して、低付加価値 IGS（業務のサポート等）を提供するためにかかった総原価そのもの（【図表 33】②、③）、又はその 105 ％相当額（【図表 33】①）を ALP とする方法です。

ここで 105 ％相当額とは、総原価に 5 ％のマークアップ（利益）を乗せたものです。本格 TP 調査において原価基準法を採用する場合は、マークアップ率が最重要の数値になりますので、比較対象取引探しから始まって、算定するまでに多大な手間がかかります。そこの手間をかけ

【図表 33】ALP 算定に簡便法が使える IGS

① 低付加価値 IGS 　→ **総原価の 105 ％を ALP とする**（要領 3-11 (1)） 　② 事業活動の重要部分に関連していないもの 　→ **総原価を ALP とする**（要領 3-11 (3)）	［例］次のような事務会計帳簿や予算作成、財務監査、雇用・教育・福利厚生等の従業員管理、情報通信サービス、債権債務管理、法務、税務等
③ 本来の業務に付随して行われる役務提供 　→ **総原価を ALP とする**（要領 3-11 (2)）	［例］海外子会社に販売した製造設備に係る操作・技術指導等

ずに、「利益は 5 ％」と簡便に割り切ったのが①の方法です。さらに【図表 33】②、③の方法は、このマークアップも不要として、「かかった原価だけ回収していれば、それを ALP と考えて OK」という方法です。

　【図表 33】の①～③の区別は、少々分かりにくいかもしれません。低付加価値 IGS の考え方は、国税庁ホームページに掲載の「移転価格事務運営要領」の、3-10（企業グループ内における役務提供の取扱い）と、3-11（企業グループ内における役務提供に係る独立企業間価格の検討）で確認できます。

　簡易 TP 調査の対策としては、低付加価値 IGS に該当しそうなグループ内の海外向けサポートを見逃さないことです。原価を回収しておけば、問題の大部分は回避できます。仮に【図表 33】の①に該当する取引を、誤って②と認識してしまっても、調査で指摘されるのは「原価の 5 ％分の収益計上漏れ」だけです。しかし、もし海外子会社向けサポート（①～③の取引）に係る対価の回収を完全に見落としていると、まるごとの総原価か、それにさらに 5 ％を上乗せした額の収益計上漏れを指摘される可能性があります。

　中堅企業の移転価格税制における最大のリスクは、海外のグループ法人に対して行う役務提供に係る「簡易な TP 調査」です。

5 利子の損金算入を制限する2つの税制

(1) 支払利子は日本の利益を海外に移転させる便利なツール

事業活動において、資金調達の方法は重要な問題です。方法は、大きく資本（出資を受ける）と債務（借入をする）に分かれます。調達者にとっては、出資の対価である配当は利益処分なので損金になりませんが、借入の対価である利子は損金になります。同じ資金調達の対価であっても、利子は納税額を小さくできますので、日本の課税所得を圧縮してその分を税率の低い別の国に持って行こうとする租税回避行為において、借入と支払利子は便利なツールになり得ます。

そのため、海外に支払う利子はCFC税制や移転価格税制においても、重要なターゲットとなっています。そしてさらに、日本から海外向けに支払う利子の一部分を損金不算入とする租税回避防止ルールが2つあります。過少資本税制と、過大支払利子税制です。前者は「資本と比べて過大な借入金に対応する支払利子」を、後者は「所得の一定割合を超える支払利子」を損金不算入とする税制です。

それぞれの税制を適用する場合には、かなり込み入った計算をする必要があります。しかし、これらの税制の適用の有無は、次のような点から大まかな判定ができます。

まず、過少資本税制は、基本的に50％以上外資の日本子会社が、外国の親会社等に支払う利子を対象としています。したがって、外資系の日本子会社でなければ、基本的には適用はありません。

また、過大支払利子税制では、非居住者や外国法人に対して支払う利子の額が2,000万円以下であれば、適用はありません（適用免除）。

ですから、内国法人が外国に対して相当多額の利子を支払っていなければ、これらの税制は、あまり考える必要はありません。

（2）過少資本税制は資本金と借入金との比較

　過少資本税制は、外国から資本金を大きく上回る借入を行い、それに対応する多額の利子を損金算入して日本の所得を圧縮し、その分を国外に流出させることを防止するものです。損金にならない配当を、損金になる利子とすり替えることを防ぐわけです。

　この制度は、借入の額に対して、資本の額が過少である場合に発動します。概要は次のとおりです（措法66の5①）。

　内国法人Aが、国外支配株主等Bに対して負債の利子を支払う場合、Bに対する平均負債残高がBの資本持分の3倍を超えるときは、超える部分に対応する利子を損金不算入とする。

　ただし、Aの総負債に係る平均負債残高が、Aの自己資本の額の3倍以下であれば、この適用はない。

　国外支配株主等とは、内国法人を株式や出資で50％以上、又は実質的な関係で支配している非居住者又は外国法人のことです。外国法人が内国法人を直接支配していなくとも、両者が同一の者に支配されている兄弟会社である場合も含まれます。

　この国外支配株主、すなわち外国の親会社が、日本の子会社に対して100の出資をしている一方で500の貸付けをしていたとすれば、そのうちの100の3倍を超える額（200）に対応する支払利子は、損金の額に算入されません。資本の3倍を超える部分の負債利子は、むしろ利益処分と考えて損金算入を否定するということです。

　ただし、この基準に該当しても、国外支配株主等からの借入や出資持分を含む、その内国法人全体の総負債が自己資本の3倍以下に止まっている場合には、この税制は適用されないことになっています。

　ですから、税制が適用されて支払利子の一部が損金不算入になるかどうかを見分ける大きな基準としては、①国外支配株主から、その出資額

の3倍以上の借入をしているか、又は②法人全体の有利子の借入が資本の3倍以上か、の2点です。なお、国外支配株主等からの借入金には、実際に貸付けをするのが第三者（金融機関等）の場合に、そこに対して保証等をしている場合も含みます。

(3) 過大支払利子税制は所得の金額と支払利子との比較

制度の名称が紛らわしいですが、過少資本税制が、「資本に対して負債の割合が大きい」という観点から支払利子の一部を損金不算入にするのに対して、過大支払利子税制は、「所得金額と比較して、支払利子の額が大きい」という観点から見るものです。支払利子の基礎となる借入額の大きさで見るか、所得の中に占める支払利子の大きさで見るかの違いです。この税制も、実際に適用する場合にはかなり細かい計算が必要になりますが、制度の大枠は次のとおりです（措法66の5の2①②、措令39の13の2⑥）。

> 「対象純支払利子等の額」が、「調整所得金額」の20％を超えるときは、その超える部分の利子を損金不算入とする。

分かりにくい用語が並びますが、「対象純支払利子等の額（A）」とは、法人が支払う利子のうち、受け取る相手側において日本での課税対象所得に含まれない支払利子の合計額から、一定の計算による受取利子を控除した額です。「非居住者や外国法人に支払った利子の額」というイメージです。過大支払利子税制で損金不算入の対象となる支払利子は、令和元年度の改正前は、外国の関連者等（範囲は移転価格税制の国外関連者とほぼ同じ）に支払う利子に限定されていました。他の国際的租税回避防止ルールと同様に、支配関係のある海外の関係者との取引だけを対象としていたわけです。

しかし、改正で制度の枠組みが大きく変わり、利子の支払相手が誰で

あるかを問わず、支払利子をすべからく対象とする制度になりました。

　そして、利子の支払相手を問わない代わりに、「利子の受領者側で日本の課税対象所得となる利子」を対象から除くこととされました。これによって、実質的には日本国内向けの支払利子を対象から外し、外国に向けて支払う利子だけを損金不算入の計算の対象として残す制度になっています。

　次に、「調整所得金額（B）」とは、対象純支払利子等の額（A）が過大かどうかの判定の基礎となる所得の金額で、当期の所得金額を基礎に（A）の金額や減価償却費、欠損金の当期控除額の加算などの一定の調整を行った「利払前所得」です。（A）が（B）の20％（基準値）相当額を超える部分の金額が損金不算入になります。（B）の計算過程はかなり複雑（措令39の13の2①）なのですが、大まかな認識としては、「（A）＋減価償却費＋当期の課税所得金額」となります。基準値となる20％は、改正前は50％でしたが、より厳しい基準値になりました。

（4）支払利子の金額による適用除外

　実務的に重要な点ですが、この税制は、対象純支払利子等の額（A）が2,000万円以下の場合には適用がないという、金額基準による適用除外があります（措法66の5の2③一）。対象純支払利子等の額（A）の計算は少々複雑ですが、（A）の額は、基本的には実際の支払利子の金額より大きくなりません。したがって、非居住者や外国法人に対して支払う利子が年間2,000万円以下であれば、まず金額基準による適用免除に該当すると考えて良いでしょう。これによって、適用を心配する必要がある法人は、かなり絞り込まれると思います。

　なお、法人に過少資本税制と過大支払利子税制の両方から損金不算入額が算出される場合には、不算入額が多額の方の税制が適用になります（措法66の5④、66の5の2⑥）。また、金額基準で過大支払利子税制の適用が除外された場合にも、過少資本税制の要件を満たしていれば、こちらは適用されます。

Ⅶ 税務当局が保有する情報の進化

1 海外取引の情報収集に関する世界的な協調

（1）世界中の税務当局はトモダチ

　海外取引を巡る脱税や租税回避は、日本のみならず世界中の税務当局に共通の大きな関心事です。各国の税務当局が海外取引を解明して適正な課税を行うためには、外国で行われた取引や外国に存在する資産の情報が欠かせません。しかし、このような情報は、自国だけでは把握しにくいことが、各国当局の共通の悩みになってきました。

　そこで最近は、世界中の税務当局が協力して、互いに効率よく情報を交換する制度が整備され、強化されてきています。

　税務当局がどのような情報を持っていようと、適切な納税をしていれば関係ないわけですが、納税者と税務当局の問題意識は表裏の関係にあります。税務当局が持っている海外取引や海外資産に関する情報についての概要を知ることも、適切な申告納税をする上での参考になると思います。

（2）海外取引情報の種類

　税務当局は、海外の情報を、民間情報会社や海外に派遣している税務職員を通じて入手することができます。

　また、租税条約には税務当局間で情報交換ができる規定があって、これに基づいて、外国の税務当局に情報の収集と提供を要請することもできます。租税条約に基づく情報交換には何種類かのパターンがありますが、相手国にいる取引先の実態や帳簿の内容、銀行口座の動き、申告の状況などに関する情報を個別具体的に要請し、手に入れることができま

す。個々の税務調査の途中で行われることが多く、相手国の税務当局が実際に情報を収集しますので、回答の内容にも信頼性があります。

　これに加えて、租税条約に基づく情報交換の新しい形として、「CRSに基づく金融口座情報の自動的情報交換」と呼ばれる制度が始まっています。納税者が外国に保有している金融資産に関する情報を、世界中の国が交換し合う画期的な制度です。

　さらに、日本の法律に基づく自前の情報収集手段として、国外送金等調書や国外財産調書などがあります。税務当局は、これらの情報を組み合わせながら、税務調査に積極的に活用しています。

（3）シーアールエスとは何？

　CRS とは、「Common Reporting Standard」（共通報告基準）の頭文字です。それでもわかりにくいですが、共通報告基準とは、世界中の税務当局が、自国にある金融資産の情報を交換し合うための様式や方法に係る国際的な基準のことです。OECD が中心になって策定しました。これに基づいて、平成 30 年から次のような情報交換が始まっています。

　外国の居住者（自国の非居住者）が自国の金融機関に保有する金融資産の情報（※）を、年に 1 回、自動的にその者の居住地国に提供する。同時に、自国の居住者が相手国に保有している金融資産の情報を、相手国から受領する。

（※）　金融口座保有者の住所・氏名等の情報の他に、預金や有価証券取引口座に係る年末残高や、利子・配当・有価証券の譲渡収入の年間受領総額など

　例えば、X 国の居住者（日本の非居住者）である A 氏が、日本国内の証券会社の口座に有価証券を持っているとします。すると日本は、X 国に対して、「あなたの国の居住者 A 氏が、日本の金融機関にこのよう

な有価証券を持っています。配当も年間にこれだけあります」と教える
わけです。もし、これがＸ国でも申告すべき収入なのに申告されてい
なかったとすれば、Ａ氏にとってはちょっと面倒なことになるでしょ
う。

　同様の方法で、日本も外国から、日本の居住者が外国に保有している
金融資産の情報を手に入れます。日本の居住者Ｂ氏がＸ国の銀行に預
金を持っていれば、Ｘ国は、「日本の居住者Ｂ氏が、Ｘ国にこのような
銀行口座を持っています。残高や利息はこうです」と教えてくれるので
す。

　CRS に基づく情報交換は、１年に一度、世界中で一斉に、自動的に行
われます。何と 100 か国以上が CRS の情報交換に参加しています。さ
らに重要な点は、参加国には主要なタックス・ヘイブン国・地域のほと
んどが入っているということです。本国の税を逃れるため、軽課税国・
地域に金融資産を置くケースが多いことから、多数のタックス・ヘイブ
ン国の参加は、CRS の実効性を大きく高めています。これによって、
海外の資産に関する透明性が非常に高まりました。

　CRS 情報は、法人税の調査以外にも、個人所得税や相続税、贈与税
の調査でも積極的に使われています。相続税の場合などは、CRS 情報
によって海外にある金融資産が申告財産に含まれているかどうかが明確
にわかりますから、最も課税に直結した情報といえます。

　このような画期的な情報交換の仕組みによって、「海外での取引や資
産保有は、税務署には分からないだろう」という時代の終わりが始まっ
ています。

2　日本の自前の情報収集制度

（1）法定調書という情報申告

　海外取引に関する情報は、CRS 情報のように外国税務当局から入手

するものばかりではありません。日本の法律で提出が求められる「法定調書」にも、海外取引を対象とするものがあります。海外にある資金・資産の状況に関する情報が、特に重視されています。

海外取引の調査に使われる法定調書の代表的なものは、【図表34】の（A）〜（D）の4種類です。「内国税の適正な課税の確保を図るための国外送金等に係る調書の提出等に関する法律」という、名前は長いが条文は11条しかない短い法律に、この4種類が全部入っています。

一般的に法定調書は、給与所得の源泉徴収票や報酬の支払調書のように、資金の支払者が「誰にいくら払った」という情報を税務当局に提出するものです。適切な源泉徴収や受領側での申告を担保するための、損益に関する情報が中心になっています。

しかし、【図表34】の（A）から（D）の4件はいずれも、損益情報というよりは納税者の資産の移動や保有に関する情報です。（A）と（B）は、納税者の資金の移動や有価証券の口座移管を行う金融機関が提出し

【図表34】海外取引調査に使われる主要な資料情報

種類	名称	内容
法定調書	（A）国外送金等調書	100万円超の国際的な送受金
	（B）国外証券移管等調書	国境を越える口座間の証券移管
	（C）国外財産調書	5,000万円超の国外財産
	（D）財産債務調書	国内外の財産（提出基準あり）
租税条約	CRS情報	海外の金融資産情報を交換
	要請に基づく情報交換	外国当局に個別具体的な情報提供を要請
	自発的情報交換	外国当局に課税情報を自発的に提供
	自動的情報交換	自国の法定調書を外国に提供
その他	公的機関、民間情報機関等	
	在外公館（大使館・領事館等）、在外税務職員	
	公開情報、報道その他	

ます。（C）と（D）は、資産を持っている本人が提出するもので、いわば納税者が自ら行う情報申告です。税務当局は、資金や資産の海外移転や保有を重要視して、法定調書によってその情報を積極的に収集する仕組みを構築しています。

　これらの情報の中で、特によく使われるものが（A）の国外送金等調書です。国境を越える100万円超の資金移動が、送金も受金も、損益取引でも貸借取引でも、すべて情報化されます。また、平成26年の開始以来注目度の高いものとして、（C）の国外財産調書があります。これは、5,000万円超の国外財産を有する個人が、そのすべての国外財産の情報を、確定申告の期限に合わせて提出するものです。

（2）国外財産調書を出さないと加算税が増える

　国外財産調書が期限内に提出されなかった、又は記載が十分ではなかった場合で、そこに記載されていなかった国外財産について税務調査で否認があったときには、過少申告加算税等が5％加重されるというデメリットが生じます（国外送金等調書法6③）。

　また、税務調査で調査官から国外財産の取得・運用・処分等を説明する書類等の提出を求められたのに、所定の時期までにそれを提出しなかった場合には、さらに加算税が5％加重されます（国外送金等調書法6⑦）。

　このような、「海外取引調査において、調査官から求められた資料の提示・提出が行われない場合にデメリットがある」という規定は、外国当局に情報提供要請をする場合や、移転価格税制、CFC税制の税務調査においても見られます。ここからは、「海外取引においては納税者側からの適切な説明や情報開示を重視する」という税務当局のスタンスが見て取れます。今後も、海外取引に係る納税者側からの説明責任の強化は続く傾向にあると思われます。

　一方、国外財産に関する税務否認があったときに、国外財産調書が期

限内に提出されていて、そこに問題の財産が記載されていれば、過少申告加算税等が5％軽減されるというメリットもあります（国外送金等調書法6①）。

（3）国外財産調書とCRS情報の親しい間柄

　国外財産調書は、合計で5,000万円を超える国外財産を持っている場合に、その種類、数量、価額などの12月31日における現況を、翌年3月15日までに調書として提出するものです。預金や有価証券から動産・不動産まで、国外にあるすべての財産が対象になります。

　一方、各国が交換するCRS情報に含まれる預金口座や有価証券の残高も、12月31日を基準にしています。ということは、国外財産調書の中の預金や金融資産の金額とCRS情報の金額は、基本的に一致するはずだということです。

　両者を比較すれば、「CRS情報で多額の海外預金や有価証券があるのに国外財産調書が提出されていない」とか、あるいは「国外財産調書は提出されているが、CRS情報にある金融口座が記載されていない」などの不一致が判明するでしょう。このようなクロス・チェックの機能により、税務当局が持っている資料情報の効果は、いっそう向上しています。

取引事例でリスクを見分ける

I 法人税・源泉所得税・外国税額控除の事例

1 貿易取引（輸出入）をする

事例1 一つではない、輸出売上計上の時期

　　株式会社Ａ社（3月決算）は、創業以来初の海外取引を行い、商品をＸ国のＢ社に輸出した。輸出はFOB条件で、商品は3月15日に船積みした。

　　Ａ社は、4月10日にＢ社から商品を受領した旨の電子メールを受信したことから、受信日を売上計上日とした。

　　しかし税務調査において、売上は船積みをした3月中に計上すべき（売上計上漏れ）であるという指摘を受けた。

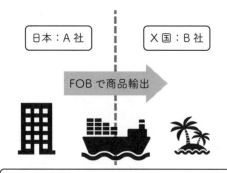

```
日本：Ａ社        Ｘ国：Ｂ社

        FOBで商品輸出 ➡

➤ 貿易条件FOBで3月中に船積み、出航
➤ 4月にＢ社から商品の受領メールを受信
```

（1）引渡しの日とはいつのこと

　A社は、B社から商品を受領したというメールがあった日に売上計上しました。しかし、B社との間では、商品の到着や検収を確実に通知するという取決めは、特にされていませんでした。実際のところそのメールは、商品がB社の倉庫に入庫してから数日後に出されたものでした。

　調査官の意見はこうです。「法人税法では、商品の引渡しの日を収益計上の日とします。この輸出はFOB条件【参考】（139ページ）参照）ですので、日本の港での船積みによって商品のリスク負担が相手方に移転します。また、この時に商品に対する物理的な支配もA社の手から離れます。したがって、船積み日が引渡しの日として最も合理的と考えられます。」

　しかし、貿易には様々な取引条件があり、信用状や手形を使いながら複数の金融機関が関与する、複雑な決済手段もあります。その上、商品の輸送は多くの段階を踏みながら、長い期間がかかります。このため、収益を認識するタイミングの候補がたくさんありそうです。

　「引渡しの日として合理的な日」といわれても、どう考えればいいのでしょうか？

（2）収益認識に関する税制改正

　平成30年に、「収益認識に関する会計基準（企業会計基準第29号）」が公表されました。これを踏まえて、法人税法に収益の認識について定めた第22条の2が新設され、関係する法人税基本通達（第2章第1節部分）にも、これに対応する新設や改正がありました。

　国税庁は、収益認識に関する法人税法の考え方は従来とは変わっておらず、改正前の公正処理基準（及びこれを補完する通達や判例）に基づく取扱いを明確化したもの、と説明しています（国税庁『「収益認識に関する会計基準」への対応について〜法人税関係〜（平成30年5月）』）。

> **法人税法第 22 条の 2 第 1 項（収益の額）**
> ……「資産の販売等」……に係る収益の額は、……目的物の引渡し……の日の属する事業年度の所得の金額の計算上、益金の額に算入する。
>
> **法人税基本通達 2-1-2（棚卸資産の引渡しの日の判定）**
> ……例えば出荷した日、船積みをした日、相手方に着荷した日……等当該棚卸資産の種類及び性質、……契約の内容等に応じその引渡しの日として合理的であると認められる日のうち法人が継続してその収益計上を行うこととしている日によるものとする。

　なお、企業会計基準第 29 号では、資産に係る収益を認識するのは、その支配を顧客に移転することにより履行義務が充足される時としています（同基準同号第 39 項）。その検討の際の指標としては、①対価を収受する権利の保有、②法的所有権の保有、③物理的占有の移転、④重大なリスクの負担・経済価値の享受、⑤資産の検収、が例示されています（同基準同号第 40 項）。これらの点は、税務上の引渡しの日又はそれに近接する日を検討する際の材料になるでしょう。

（3）3 対 2 の最高裁判決

　収益の認識時期を考える有名な材料で、平成 30 年改正でも強く意識されている最高裁判所の判例（最判平成 5 年 11 月 25 日、民集第 47 巻 9 号 5278 頁）があります。

　この事件では、法人は商品を船積みした後、代金回収のために振り出した為替手形を銀行に買い取ってもらう（為替手形に添付した船荷証券を銀行に交付する）時に、売上を計上していました。法人の主張は、「船荷証券は貨物の引渡請求権を表象するものであるから、その引渡しは商品の引渡しに当たる」というものでした。

これに対し、税務当局は船積み日が売上計上日であるとしました。裁判は税務当局の勝訴となりましたが、裁判官5人中の2人が反対というきわどい結果でした。

　判決要旨をあっさりいえば、「船荷証券の交付は、引渡義務の履行ではなく手形買取の担保です。現金主義の収益認識はいけません。それに、銀行への手形持込の時期は調整できる余地があるので、公正処理基準に適合しません」というものです。

　この判例は収益認識について多くのことを語っていますが、その中で「時期の調整の余地がある方法は公正処理基準に適合しない」という部分は、結構大事な点だと思います。税務当局が課税の可否を検討する際には、恣意性が入り込む可能性に敏感だからです。

（4）こだわりがなければ船積み日が無難

　A社は、計上時期についての自社のポリシーを特段明確にしないまま、メールの受信日に売上計上していました。着荷基準、あるいは検収基準に近い方法かもしれませんが、取引内容に応じた合理的な引渡し日という観点からは、税務当局と意見が一致しない可能性が高い方法だったと思われます。

　FOB条件では、商品の費用とリスクの負担は、船積みを境にして買主に移転します。さらに、船積みやコンテナヤードへの搬入によって、売主の物理的な引渡義務の履行も、実質的に完了したと見て良いと思います。

　ある計上基準の採用について、法人として譲れない特別の事情があるなら別ですが、現実的には、貿易条件による、費用とリスク負担が移転する引渡し日（FOB等なら船積み日）を重視するのが堅実でしょう。なお、法人税基本通達2-1-2には、引渡し日の例示として「船積みをした日」が示されていますが、これは平成30年改正の際に新しく加えられたものです。

ただし、費用やリスクの買主への移転が、船積みよりも前になっている貿易条件もあります。例えばEXW（Ex Works：工場渡し）では、売主が国内の自分の工場や倉庫などで商品を買主の処分に委ねたときに、費用やリスクの負担が買主に移ります。このような場合には、税務上の引渡しもこの時と考えるべきでしょう。

　また、EXWの場合は日本からの輸出手続も買主が行うので、消費税の観点からは、原則として輸出免税の対象にならないと考えられます。

調査官の視点 ───────────────────────────────→

☑ 輸出入は国内取引に比べて取引のステップが多く、収益計上タイミングの候補が多い。取引内容に応じた合理的な日が継続適用されているか？

　損益の計上時期はいわゆる「期ずれ」の問題ではありますが、税務調査の基本的な項目です。貿易取引では計上時期の選択肢が多くなりますが、それは裏を返せば、法人が選んだ方法に対して反論されやすい、ということでもあります。唯一絶対の正解はありませんが、税務当局と論争するにも相当のエネルギーが必要になります。

　採用している引渡し日が合理的だ、という法人の判断理由を明確にしておくことや、期中・期末を問わずに必ず継続適用することが大事です。それは言い換えれば、計上時期が恣意的に調整できる余地を残さないようにしておく、ということです。

参考 3文字のアルファベットが示すもの

　事例のA社は、FOBという貿易条件で輸出していました。FOB（Free On Board：本船渡し）とは、国際商業会議所（ICC）が定める国際的な貿易条件である「インコタームズ」の1つです。この条件では、本船の甲板に商品が置かれた時に、リスク負担が輸入者に移転します。

インコタームズ（International Commercial Terms）

　貿易に伴って発生する各種費用の当事者間での負担範囲や、貨物に係るリスクの売主から買主への移転時期に関する取決めを、国際的に統一・定型化したもの。

　11種類あり、いずれもアルファベット3文字で表される（【図表35】）。これらを契約に取り込んで使うことにより、取引条件の交渉等を円滑にするとともに、当事者間の解釈の違いを排除することができる。

　貿易（特に海路）貨物は、港との間の輸送、保税倉庫やターミナルへの搬入、船積みや荷卸し、航海、通関や検査など多くの段階を経ながら、輸出者から輸入者へと移動していきます。この間、輸出者・輸入者共に、商品に手出しができない期間も長くなります。

　そのような状況下では、「当事者のどちらが費用や損害を負担するか」という点は、引渡し日の合理性を考える上での重要な要素になります。リスク負担が移転するタイミングは、個々の貿易条件によって異なりますが、一般的には、リスク移転の時期が早ければ輸出者有利、遅いほど輸入者有利になります。

【図表35】インコタームズの条件別　貨物のリスクと費用負担の移転時期の比較

	貿易条件（インコタームズ）			リスクと費用負担の移転時期
1	FAS	Free Alongside Ship	船側渡し	本船の船側に置いた時
2	FOB	Free On Board	本船渡し	本船の甲板に置いた時
3	CFR	Cost and Freight	運賃込み	
4	CIF	Cost, Insurance and Freight	運賃保険料込	
5	EXW	Ex Works	工場渡し	売主の工場や倉庫等を出た時
6	FCA	Free Carrier	運送人渡し	買主指定の運送人に引き渡した時
7	CPT	Carriage Paid To	輸送費込	売主指定の運送人に引き渡した時
8	CIP	Carriage and Insurance Paid to	輸送費保険料込	
9	DAP	Delivered at Place	仕向地持込渡し	指定地での荷卸し直前
10	DPU	Delivered at Place Unloaded	荷卸込持込渡し	指定地で荷卸しした時
11	DDP	Delivered Duty Paid	関税込持込渡し	通関後、指定地での荷卸し直前

（注）1〜4は海路輸送向け、5〜11は陸・海・空輸送に共通、6〜8はコンテナ輸送向けの条件。

事例2　ただの海外取引にもある注意点

　株式会社A社は、X国法人のB社から製造用機械を購入した。機械は無事に輸入されて試運転が行われたが、既存の機械との連携動作が不安定だった。

　この調整のため、B社の技術サービス子会社でY国にあるC社から、技術者がA社に派遣されることになった（有償）。技術者は日本に1週間滞在し、A社の工場に行って、制御システムの調整やオペレーターの教育等を行った。

　機械代金はB社、技術者派遣費用はC社から別々に請求され、A社は請求額を各社に支払った。

　なお、日本とX国は、OECDモデル租税条約に準じた標準的な租税条約を結んでいるが、Y国との間に租税条約はない。また、B社・C社とも、日本に事業拠点（PE）を有していない。

　その後のA社の税務調査において、技術者の派遣費用に関して、調査官から次の2点の検討が必要と指摘された。

　①　C社に対する支払については、源泉徴収が必要ではないか

　②　技術者派遣費用は、機械の取得代金に含めるべきではないか

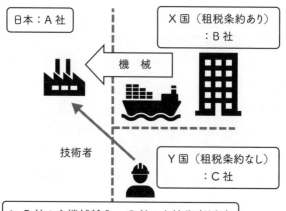

日本：A社

X国（租税条約あり）
：B社

機　械

Y国（租税条約なし）
：C社

技術者

➤ B社から機械輸入、C社から技術者派遣
➤ C社はB社のサービス子会社
➤ 機械代金と技術者費用は別請求

（1）B社からは機械の輸入

　まず、機械の輸入取引についてです。A社とB社には支配関係がありませんので、CFC税制や移転価格税制などは関係してきません。

　A社が支払う機械代金はB社の事業収入に該当しますが、B社は日本にPEを有していませんので、日本の国内源泉所得（所法161、法法138に列挙）に該当しません。したがって、B社は日本での納税義務がありませんので、A社がその支払から源泉徴収したり、B社自身が日本で申告納税したりする必要はありません。

　また、日本とX国には租税条約がありますが、もともと国内法でB社には日本での納税義務がありませんので、租税条約による国内法の修正もありません。A社にとって機械の輸入は、国際課税制度とは関係ないただの海外取引です。そうであれば、あとは損益の計上時期や損金不算入など、一般的な法人税の検討が残るだけです。

（2）C社からは技術者派遣

　一方、C社に支払う技術者の派遣費用については少々事情が異なりま

す。

　C 社の技術者は、日本に来て役務を提供していますので、それに対する支払は「国内において行う人的役務の提供事業の対価」に該当し、国内源泉所得になります（所法 161 ①六、法法 138 ①四）。外国法人の C 社にとって、この収入は日本で課税されるということです。

　まず、A 社は 20.42 ％の源泉徴収をしなければなりません（所法 178、212 ①、213 ①）。その上でさらに、C 社はこの役務提供から生じる所得について、日本で法人税の確定申告が必要になります（法法 141 一、144 の 6 ②）。このように、国内法どおりですと、C 社にはかなり面倒な課税関係が生じてきます。

　そして、Y 国との間には租税条約がありませんので、課税は国内法で完了します。したがって、事例の 1 点目の検討項目については、「C 社への支払には源泉徴収が必要だった」という結果になると考えられます。

（3）Y 国と租税条約があればよかった

　世界標準の考え方として、非居住者や外国法人が行う事業から生じる収入は、その者が国内に PE を持っていない限り課税されません。この点は、日本の国内法も同様の規定になっています（所法 161 ①）。

　しかし、日本の国内法は、事業の中から「人的役務の提供事業」を抜き出して、これだけは日本に PE がなくても課税する仕組みになっています。

　これに対して租税条約は、事業所得を資産の販売と人的役務の提供とに分けたりしていませんので、もし Y 国との間に租税条約があったら、国内法の規定が修正されて、人的役務の提供事業であっても、PE がない限り日本での課税なし、ということになります。

　したがって、仮に技術者を派遣したのが Y 国の C 社ではなく X 国の B 社だったとすれば、役務提供の内容が同じであっても、源泉徴収は必

要ありませんでした。

（4）もしC社から機械も購入していれば

　また、少々細かい検討ですが、もし機械本体もC社から購入していたとしたら、租税条約がない場合でも、国内法の規定だけで、源泉徴収は必要なかった可能性が考えられます。

　上記のとおり、国内法では、人的役務の提供事業の対価（所法161①六）は源泉徴収が必要ですが、ここに例外的な規定があります。「機械設備の販売など、主たる業務に付随して行われる人的役務の提供は、人的役務の提供事業から除く」という規定です（所令282三、所基通161-25）。

　事例の技術者は、販売した機械が正常に動作するために派遣されたのですから、この要件に当てはまるでしょう。そうすると、この支払は人的役務の提供事業の対価ではなくなる（＝国内源泉所得ではなくなる）ので、源泉徴収の必要がなくなります。法人税にも同様の規定があるため、C社は、この人的役務の提供事業の収入を、日本で確定申告する必要もなくなります（法令179三、法基通20-2-12）。

　機会は少ないかも知れませんが、租税条約を結んでいない国の企業から、機械本体を購入するとともに、それを稼働させるための技術者の派遣も受けるといった取引の場合には、この例外的な規定が使えることになります。

（5）取得価額に含める費用にも気を遣う

　機械本体の輸入は、国際課税と関係ないただの海外取引でした。しかし、海外取引は国内取引と比べて多くの手間と費用がかかります。

　事例のような減価償却資産や、購入した棚卸資産の取得価額には、引取運賃、荷役費、運送保険料、購入手数料、関税など、事業や販売の用に供するために直接要した費用の額を含めることになっています（法令

32 ①、54 ①)。これらの費用は、貿易取引をすれば必ず発生します。

事例の技術者費用は、機械を事業の用に供するために直接要した、付随的な費用と考えられます。そうすると、減価償却資産の取得価額を構成することになり、一時の損金ではなく「償却費として損金経理をした金額」に含まれます（法基通 7-5-1）。これは、源泉徴収の要否とは関係ありません。

したがって、事例の 2 点目の検討項目については、減価償却額を再計算して償却超過額が出れば、所得に加算する必要があると考えられます。

調査官の視点 ────────────────────────→

- ☑ ただの海外取引の近くに、源泉徴収など国際課税の対象取引が隠れていないか？
- ☑ 租税条約のない国との取引を見つけたら、国内法をしっかり確認する！
- ☑ 法人税法の基本的な調整事項は、海外取引でも基本事項！

普段から気を付けておきたいのは、事例の機械輸入のようなただの海外取引の周りに国際課税の問題（事例では C 社への支払に係る源泉徴収）が隠れている可能性がある、というところです。

事例では、技術者派遣を B 社から受けていれば、源泉徴収は必要ありませんでした。租税条約があるからです。また、機械が C 社から購入したものであれば、C 社から技術者の派遣を受けても、源泉徴収の必要はなかったと考えられます。租税条約はありませんが、国内法の例外規定があるからです。

C 社への支払に源泉徴収が必要だったのは、機械を買った相手と技術者の派遣を受けた相手が異なっており、しかも技術者の派遣を租税条約

のない国の法人（C社）から受けていたからです。

（6）租税条約のない国との取引は調査で目立つ

　非居住者等に対する源泉徴収は、国内法に加えて租税条約も検討しなければならないところが少々厄介です。その点、租税条約のない国の企業との取引なら、国内法の検討だけで済みますので、楽なようにも見えます。

　しかし、租税条約のない国との取引こそ、税務調査でしっかり見られる可能性があります。

　租税条約は国内法の課税を減免するので、国内法だけで課税を判断するケースの方が、誤りが多くなるということもあるでしょう。国内法の確実な検討が重要です。

　また、今や租税条約がない国との取引の方が珍しいため、そこには何か普通ではない取引や問題が隠れているかもしれない、という調査官の発想もあるかも知れません。とにかく、租税条約のない国との海外取引は目立ちます。

　さらに、ただの海外取引であっても、法人税の基本的な調整事項を忘れずにチェックしましょう。国際課税（源泉徴収）に適切に対応できていたとしても、資産の取得価額への算入漏れなどの法人税の基本的な指摘を受けてしまったら、もったいない話です。

2 海外に費用を支払う

事例3 海外出張は海外業務を映す鏡

　株式会社Ａ社では、Ｘ国のＢ社との取引契約締結のため、Ｐ社長と営業部長の２名がＸ国に出張した。７泊８日の日程は【図表36】のとおりで、出張に係るすべての費用を損金としていた。

　その後の税務調査において、調査官から次の指摘があった。

①　法人の業務の遂行上必要と認められない日程に係る旅費や日当、別途払った費用等は、出張者の給与になる可能性がある。

②　費用の中に、交際費等と思われるものが含まれている。

　また、出張の日程表を見た調査官から、次の質問があった（派生事例1、2）。

③　Ｑ氏に対する情報提供料の支払状況を説明してほしい。

④　市場調査会社Ｃ社に依頼した業務の進行と支払状況を説明してほしい。

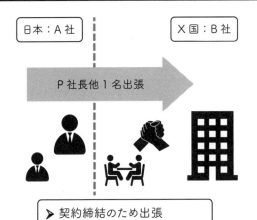

日本：Ａ社　　　　　　　　　Ｘ国：Ｂ社

Ｐ社長他１名出張

➤ 契約締結のため出張
➤ Ｂ社関係以外の業務日程あり

【図表 36】P 社長の X 国出張日程表

日程		行動
1	日	日本→X 国 （空路 7 時間）
2	月	B 社で契約調印・B 社社長と夕食 （高級レストランで A 社負担）
3	火	B 社工場見学・工場幹部と昼食 （工場のカフェテリアで A 社負担）
4	水	市場調査会社 C 社訪問・情報提供者 Q 氏と夕食（A 社負担）
5	木	観光（1 日観光バスツアー利用）
6	金	観光・ショッピング
7	土	休養・帰国準備
8	日	X 国→日本

　海外出張の内容の調査は、税務調査における重要な項目です。「出張旅費等が損金で問題ないか」などの直接的な検討から始まりますが、それだけに止まりません。役員や社員の海外出張先での行動は、その時の法人の海外事業展開に深く関わっているはずですので、海外取引を調査する入口として大いに注目されます。一つの海外出張を巡って生じるいくつかの問題を見ていきます。

（1）旅費は考え出すと細かい

　海外出張の旅費（運賃、宿泊費、日当、支度金等）は、法人の業務に必要なものであって、そのために通常必要と認められる金額が損金となります（法基通9-7-6）。海外出張中に使われた旅費以外の費用は、その内容に応じて、国内と同様の税務上の判断をすることになります。

　国税庁の法令解釈通達「海外渡航費の取扱いについて」は、同業者団体等が主催する海外視察ツアーの中で観光等も行われる場合の費用の取扱基準を示しています。

【通達の基本的な考え方】

（ア）出張期間の日数を、0.25日単位で、①業務従事日数、②観光等、③旅行日、④その他（休日等）に分ける。

（イ）①÷（①＋②）による計算した割合が「業務従事割合」。

（ウ）業務従事割合の10％未満の端数を四捨五入したものが「損金等算入割合」。

（エ）出張費用に損金等算入割合を乗じた金額を損金（必要経費）とする。

【計算の特例】

▶ 損金等算入割合が90％以上の場合は出張費用の全額を旅費として損金の額に算入し、10％以下の場合は全額を旅費としての損金の額には算入しない。

▶ 業務従事割合が50％以上の場合は、出張費用を「往復の交通費」と「その他の費用（日当や宿泊費等）」に区分し、往復の交通費の全額と、その他の費用に損金等算入割合を乗じた金額の合計額が、旅費として損金の額に算入される金額になる。

　事例は団体ツアーではなくA社独自の出張ですが、通達の考え方は通常の出張にも応用できますので、事例の日程を通達に当てはめて計算すると、次のようになります。

①業務従事日数3日、②観光日数2日、③旅行日2日、④その他1日
業務従事割合＝60％、損金等算入割合＝60％

　業務従事割合が50％以上ですので、出張費用の額を「往復の交通費」と「その他の費用」とに区分し、「往復交通費」の全額と「その他の費用」の60％の合計額が、旅費等として損金になります。この方法は、

消費税の仕入税額控除に個別対応方式を使う場合の、課税資産とそれ以外の資産の譲渡等に共通して要する課税仕入れの額の計算に似ています。

その他の費用の40％部分は旅費ではなく、その内容や行動に応じた費用となりますが、事例では観光ですので、本人に対する給与の可能性が高いと考えられます。

この通達を応用した計算結果が、最も真実に近いかどうかはわかりません。通達は非常に定型的な計算ですが、日程上の「観光」等の言葉に引きずられ過ぎず、個々の支出ごとに、事実関係に基づいた判断をしていってもいいと考えられます。

旅費の損金算入から問題が生じないようにするためには、現地での行動が業務上必要なものであることを示す事前の適切な計画や、事後の報告や資料の作成、保存が重要です。

（2）交際費は国内と同じ

事例の2日目の夜、契約にサインした後のB社社長との夕食は高級レストランで、A社が払いました。1人5,000円は超えるでしょうから、海外でも国内でも、これはどうしても交際費でしょう。接待飲食費ですから、半額は損金です（措法61の4①⑥二、措令37の5①）。

3日目のB社工場幹部との昼食も、A社が支払いました。場所が工場内カフェテリアと安そうですので、1人5,000円を超えなければ、交際費からは除かれます（措令37の5①）。ちなみに、円貨への為替換算は、取引（飲食）日のレートで行うことが基本です。

4日目に夕食を提供したQ氏は、X国居住の日本人で、P社長の昔の友人でした。P社長に「B社がA社商品と同種の商品を探している」という情報を提供し、A社はこれをきっかけに、B社との契約に漕ぎつけることができたものです。

夕食が、P社長が友人との旧交を温める目的のものであれば、A社の

負担は P 社長に対する給与と考えられますが、重要な情報提供者との会食であれば、交際費ということになるでしょう。

（3）情報提供料が損金になる要件

<table>
<tr><td>派生事例 1：Q 氏に対する情報提供料の支払状況の説明</td></tr>
<tr><td>　P 社長は、Q 氏から情報を得た段階では「うまくいったらお礼をする」と話していた程度で、契約書等も作成していない。情報提供の謝礼としての支払金額は、B 社との契約が決まった後に、P 社長が決めたもので、交際費等には含めていない。</td></tr>
</table>

　情報提供の謝礼は、対価性が明確でない場合は、基本的には交際費に該当するでしょう。しかし、対価を支払う相手が情報提供を業としていない者であっても、例えば次の要件のすべてを満たすなどして、正当な対価の支払と認められるときには、交際費等には該当しません（措通61の4(1)-8）。

① あらかじめ締結された契約に基づくこと

② その契約で明らかにされている具体的な役務を実際に受けていること

③ 対価が相当と認められること

　したがって、交際費課税を避けようとすれば、あらかじめ契約を結んでおくか、報酬の条件等を広く周知しておく必要があります。Q 氏のケースは、少なくとも上記①、②の要件を満たしておらず、事後的・一方的な謝礼として、交際費に該当すると考えられます。

　他者からの情報提供や口添え、業務への協力等に対する手数料や謝礼は、税務調査で注目される項目の一つですが、相手が海外となると、注目度が一層高まります。

　支払相手、役務の内容、金額の相当性などが、バックアップ資料付き

で明確に説明できないと、交際費よりも重い内容（使途秘匿金や架空の費用等）の疑義を持たれる可能性すら生じてきます。

（4）役務提供の対価の損金算入は成果物をもらってから

派生事例2：市場調査会社C社に依頼した業務の進行と支払状況の説明

　P社長は出張中にC社（日系のマーケットリサーチ会社）を訪問し、X国でのさらなる市場開拓のため、市場調査依頼の打ち合せをし、帰国後に正式に発注した。C社からの報告書（成果物）の期限はA社の決算期末である3月末とした。

　しかし、発注後にA社から調査項目を追加したため、報告書の完成と入手は当初予定の3月から4月（現在進行中の事業年度）にずれ込んでいた。一方、費用は当初の発注内容と報告期限に基づいて、3月末に未払金で計上されていた。

　海外出張の費用確認を端緒に、外国法人C社との役務提供取引が調査の対象になりました。

　その結果、依頼した市場調査の報告書の完成が遅れており、入手が現在進行中の年度となってしまっていたことがわかりました。これでは、調査中の事業年度での損金計上はできません。

　販売費、一般管理費その他の費用を損金算入するためには、事業年度終了の日までに債務が確定していなければなりません（債務確定主義：法法22③二かっこ書）。そのためには、事業年度内に、次の3つの要件を満たすことが必要です（法基通2-2-12）。

① 債務が成立している
② 相手からの給付（原因となる事実や成果物）が済んでいる
③ 金額が合理的に算定できる

前述の交際費に該当しない情報提供料の判定（措通 61 の 4 (1) -8）とほとんど同じ内容です。

事例では、報告書（成果物）が決算期末には完成しておらず、入手（相手からの給付）が済んでいませんでした。上記②の要件がクリアできませんので、調査対象の事業年度では損金計上できません。

報告書の遅れが業務担当部署から経理部に伝わっていれば、いくらでも期末の修正ができたでしょう。しかしそれが伝わらなかったため、経理部では費用計上の時期を見直しませんでした。

海外に対する業務依頼では、その内容や完了時期、対価の相当性などがしっかり調査されます。現業部署と経理部署との風通しの良さが、ミスを減少させるでしょう。

調査官の視点

☑ 役員や社員が海外出張する理由や現地で行う業務は、法人の海外事業の現状や課題を反映している。出張にかかる費用ばかりでなく、出張の内容から見えてくる他の問題と結び付けながら調査する！

☑ 海外費用では、損金不算入の可能性に加えて、成果物等の確認も忘れない！

費用の損金性や計上時期の判断は日常的な問題で、国内・海外を問わず考え方は一緒なのですが、実務的には違う点もあります。それは、海外取引に係る税務調査は、国内取引に比べて、証拠書類の確認や取引担当者・部署からの聞き取りが、より慎重で具体的に、深く行われることが多いということです。取引方法や相手に関する海外の情報が国内よりも得にくいことや、海外取引にあまり慣れていない会社では税務処理を

誤りやすい、という実情を反映していると思います。

　また、調査官からすれば、法人の社員（特に責任ある者）が海外出張をして行う業務は、その法人の海外事業の状況を知るためのいい材料になります。出張旅費の損金性などの表面的な税務処理の問題だけでなく、その海外出張が関係する海外事業全体を調査する入口にもなります。

　海外子会社を有していて、日本の親会社の社員がそこに出張している場合には、調査官は子会社に対する財務的な支援なども想定するでしょう。国外関連者に対する寄附金や、企業グループ内の役務提供に係る移転価格課税（低付加価値 IGS）の可能性も視野に入れるはずです。海外出張は、税務調査で注目の的です。

名義の違う口座に代金を送金してもいいか

　株式会社Ａ社は、商品の輸出取引が拡大しているＸ国のＢ社か
ら、リベートの支払を求められている。Ａ社は、売上に比例した一
定の額を定期的に支払う内容で、Ｂ社との新たな取決めを結ぶこと
を検討している。

　その中で、Ｂ社はその送金先として、第三国にあって名称も異な
る法人の銀行口座を指定している。この点に関して、Ａ社では若干
の不安を感じている。

　売上割戻し（リベート）は、一定の明確な基準で支払われる限り、交
際費等には該当しません。しかし、これは当然のことながら、支払先の
収益に計上されることが前提となっています（措通61の4⑴-3注1）。
その意味で、他人名義の口座に送金するのは、「税務調査で問題にして
ください」と言わんばかりの行為です。

　さらに、法人との取引なのに送金先の口座が個人名義であったり、口
座が軽課税国に所在したりしていれば、なおさらです。得意先関係者へ
の謝礼等に該当すれば交際費になりますが（措通61の4⑴-15⑼）、税
務調査において、それ以上の不正取引を想定されてしまうリスクも高ま
ります。先方の都合ではなくＡ社自身の簿外口座ではないか、あるい
は取引先の不正に加担しているのではないか、などの想定です。

　調査の状況によっては、「Ｘ国の税務当局に、Ｂ社での収益計上の有
無を調べてもらう」とか、「送金先の国に、問題の口座の入出金情報を
照会する」等の展開になってしまうかもしれません。税務当局は、租税
条約に基づいて、こういう情報の交換ができるのです。

　もちろん、口座の持主がＢ社でなくとも、例えば持主とＢ社の間に
貸借関係があり、その精算に充てられる等の事情が明確にされていれ
ば、Ｂ社が収益計上している限りは問題なし、という結論になることも

考えられます。

　しかし、海の向こうの事情は国内に比べて確認しにくいので、調査で内容を深く質問されたり、関係資料の提出を強く求められたりするでしょう。日本側で明確に説明できない事項は、相手に聞きにくいこともあるとは思いますが、可能な限り事前に確認しておいて、記録や資料を残しておくことが重要です。

調査官の視点 ──────────────────────────→

☑ 海外取引に不自然な点があれば、証拠書類の確認や関係者からの聴取を徹底して行う！

☑ 必要な場合は民間情報機関から外国当局への情報の提供要請まで、情報収集をしっかり実施する！

　支払先や支払理由が不明確な状態ですと、交際費等などに止まらず、費途不明や使途秘匿金課税、さらには「架空に計上された費用ではないか」ということまで、調査の視野に入ってきます。問題が重くなって、内容を解明するために外国の税務当局との情報交換を行う、などということにでもなれば、調査期間は長くなり、対応する法人側の事務負担も大きくなります。さらに、取引相手にも影響が及ぶ可能性もあります。

　証拠書類や取引記録などをしっかり収集・整理・保管しておき、必要の際には海外の事情まで含めて、日本側で説明できるくらいの体制を作っておければ、転ばぬ先の杖になるでしょう。

事例 5　海外子会社への財務支援

　株式会社Ｐ社（３月決算）は、Ｘ国に100％子会社のＳ社を有している。Ｓ社はＰ社製品を輸入して、Ｘ国及び近隣国のユーザーに販売している。

　新型コロナウイルス感染症の拡大により、Ｓ社は売上減少と輸入コスト増加が続き、2020年９月以降は債務超過に陥った。

　Ｐ社は法人税基本通達9-4-2を参照して、「業績不振の子会社に対する支援は寄附金にならない」と考え、2021年１月以降、とりあえずＳ社のオフィス家賃をＰ社が負担する（Ｓ社がＰ社に請求する）ことで支援しつつ、しばらく様子を見ることとした。

　その後、Ｐ社の2021年３月期の税務調査があり、調査官から、「Ｐ社が損金計上しているＳ社の家賃には法人税基本通達9-4-2は適用されず、寄附金になる可能性がある」と指摘された。

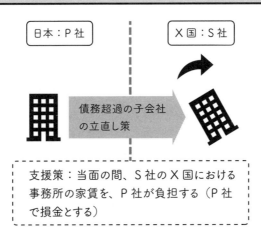

（1）７つの要件をクリアして「合理的な再建計画」を作る

　調査官は、Ｐ社のＳ社支援が「とりあえず」や「しばらく様子見」の域を出るものではなく、経済合理性のある再建計画に基づいた支援に

なっていない、と考えているのでしょう。あるいは、S社が債務超過ではあっても、倒産の危機に瀕しているか否か、自力再建の可能性はないかなどの、支援実行の大前提となるS社の状況分析や判定が十分ではないと考えているのかもしれません。場当たり的な支援になってしまいますと、法人税基本通達9-4-2の適用要件を満たさない可能性が高くなります。

法人税基本通達9-4-2にいう、子会社への支援が寄附金に該当しないための「相当な理由がある場合」とは、「損失を負担することに経済的な合理性がある場合」ということです。損失負担が贈与ではなく、より大きな損失を回避するためなど、正常な条件に基づく費用の支出と認められる場合です。

国税庁ホームページの質疑応答事例「合理的な整理計画又は再建計画とは」には、【図表37】に記載した7つの要件が示されています。これらを総合的に検討して、支援の経済合理性を客観的に示したものが「合理的な再建計画」になります。7つの要件は、再建計画書の目次といえるでしょう。

【図表 37】 合理的な再建計画の検討ポイント （いわば計画書の目次）

①	損失負担等を受ける者は子会社等に該当するか
②	子会社等は経営危機に陥っているか（倒産の危機にあるか）
③	損失負担等を行うことは相当か（支援者にとって相当な理由はあるか）
④	支援額は合理的か（過剰支援ではないか）
⑤	再建管理は適切に行われているか （財務改善の状況に応じて支援額を見直しているか）
⑥	支援者の範囲は相当か （特定の債権者等が意図的に加わっていないなどの恣意性はないか）
⑦	支援額の分担は合理的か （特定の債権者だけが重かったり、負担を免れたりしてはいないか）

（注）国税庁 HP（https://www.nta.go.jp/law/shitsugi/hojin/13/01.htm）から作成

なお、要件には支援するための取引方法は明記されていません。法人税基本通達9-4-2は、無利息・低利の融資、債権放棄等を例示していますが、これらに限らず、税務上合理的な方法であれば、資金の贈与や経費の負担など、広く考えられます。事例の家賃負担も、支援方法の観点からは、問題ないと思われます。

（2）闇雲な支援では対象にならない場合も

　【図表37】の7要件では、②が現実的な入口になっています。一般的に、経営危機に陥っている場合とは、債務超過などで資金繰りが逼迫している場合等が考えられます。しかし、一時的に債務超過になっても直ちに倒産するとまでいえない場合や、逆に債務超過でなくとも、多額の含み損を抱えて事実上の経営危機にある場合などもあり得ます。子会社が経営危機の状況にない場合は、財務支援に緊急性が認められず、経済的合理性を有さないとして、法人税基本通達9-4-2は適用できません。

　また、③の支援者にとっての相当の理由とは、再建支援を行うことで、将来の倒産等によるさらに大きな損失が回避される場合や、支援者の事業上の信用が維持される場合などが挙げられます。

（3）緻密な計画と進行管理が求められる

　要件の④については、支援する子会社の事業の現状や今後の見通し、自助努力による改善の見込みなども含め、経営危機を脱するまでの期間と必要な支援額を適切に算定し、計画することが必要です。7つの要件すべてにいえることですが、求められている合理性とは、丁寧で客観的な分析や予測、判断です。

　「将来、より大きな損失を被ることを避けるための費用であるかどうかは、当事者の主観的な動機や目的のみではなく、証拠に基づく客観的な事実に即して判断すべきである」とする裁判例もあります（東京地裁平成29年1月19日、裁判所ホームページ）。

また、計画期間が長い場合には、⑤の進捗管理も重要です。計画を立てればそれで終わりではありません。進行状況を管理し、必要な見直しを行うことも、重要な要件の1つです。

　⑥と⑦は、複数の利害関係者がある場合に、実際に支援する者やその負担割合に不合理な偏りがないかということです。しかし、支援者の範囲や支援額は、当事者間の合意により決定されるものですので、関係者全員が支援しないから直ちに不合理であるとは、必ずしもいえません。

調査官の視点 ➡

- ☑ 海外子会社への支援が寄附金にならないための大前提となる、合理的な再建計画がきちんと策定されているかどうかをしっかり調査する！
- ☑ 純粋に「倒産の危機にある子会社の再建」だけが目的になっているか？　そうでなければ法人税基本通達 9-4-2 は使えず、寄附金や移転価格の問題になり得る！

　親会社が子会社のために何かすると、すぐ寄附金や移転価格の話になってしまいます。これに対して、子会社再建に係る法人税基本通達 9-4-2 は、寄附金課税だけでなく、移転価格課税も防いでくれる強い味方です。

　国税庁ホームページに掲載の「移転価格事務運営要領」は、法人税基本通達 9-4-2 の適用がある無利息や低利の金銭貸付けは、移転価格税制の適用上も適正な取引として取り扱うとしています（移転価格事務運営要領 3-7 (1)(註)1)。無利息貸付等だけではなく、移転価格の問題が生じる可能性のある他の種類の取引を通じた支援についても、同様と考えていいと思います。

しかし、もともと財務支援や取引価格の修正は、所得を海外に移転したいときの便利な方法ですから、法人税基本通達9-4-2の適用要件が緩やかであると、本来の寄附金や移転価格税制の課税ルールを損なう可能性があります。経済合理性のない財務支援がそのまま日本の損金になってしまわないように、再建計画の合理性は税務調査でしっかり確認されるということです。

　【図表37】記載の7要件については、国税庁ホームページにもう少し詳しい説明が載っており、さらに各国税局（課税部審理課）では、再建計画についての事前相談も受け付けています。計画の合理性を巡って、納税者との間で意見の相違が生じやすいことを、税務当局も強く認識していることの表れだと思います。

3 源泉徴収と租税条約

事例6　借りている不動産のオーナーが外国に行った

　株式会社A社はレストランを営んでおり、店舗は社員で店のシェフを務めるM氏から賃借していた。A社は毎月、M氏に給与と賃借料を支払ってきた。

　しかし昨年、M氏はA社を辞めて、数年間の予定でX国に料理の修行に旅立った。店舗はM氏から賃借したままなので、A社は賃借料を毎月、M氏の銀行口座に振り込んでいた。

　その後の税務調査において、「A社のM氏に対する賃借料の支払は、源泉徴収の対象になります」と指摘された。

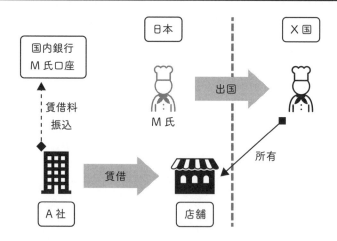

（1）外国に長居する予定なら出国の翌日から非居住者になる

　M氏のX国修業は数年間の予定ということですから、M氏は日本の非居住者になっています。個人の居住者・非居住者の判定は時に難しいことがあり、状況によっては細かい事実認定を積み重ねた上での総合判

断が必要になる場合もあります。しかし、一般的には、国外で継続して
1年以上居住することを通常必要とする職業を有する場合は、非居住者
と推定されます（所令15①）。この場合は、日本を出国した次の日から
非居住者となります（所基通2-4）。

（2）不動産の所在国は課税権をキープするもの

　土地・建物などの不動産は、国との経済的な結び付きが強い、国に
とっても重要な資産です。したがって各国は、そのオーナーが居住者か
非居住者かを問わず、国内にある不動産等の譲渡や賃貸等から生じる所
得の課税権を確保しています。租税条約でも、不動産の所在地国に第一
の課税権を認める条文が標準装備になっています（例：OECDモデル租
税条約6）。

　日本の国内法でも、国内にある不動産や、その上に存する権利の貸付
けによる対価は、非居住者等の課税の対象となる国内源泉所得に該当し
ます（所法161①七）。そして対価の支払者は、20.42％の源泉徴収をし
なければなりません（所法212、213）。

　また、日本が結んでいるすべての租税条約でも、国内法どおりの課税
ができるようになっています。つまり不動産の譲渡や貸付けに関して
は、租税条約による課税の軽減等の修正はなく、課税は国内法で確定し
ます。

　A社は、M氏が日本の居住者だった時には、店舗の賃借料を支払う
際に源泉徴収する必要はありませんでした。しかし、M氏が非居住者
になった後、すなわちM氏が日本を出国した翌日以降に支払う賃借料
からは、源泉徴収する必要が生じていました。税務調査での指摘は、こ
の部分です。

（3）M氏は源泉徴収の上に2か国で申告が必要？

　ところで、A社にとっての税務は支払時の源泉徴収で終わりなのです

が、M氏自身の納税義務は源泉徴収だけでは終了しません。

不動産オーナーである非居住者や外国法人自身の、日本に対する納税義務は、もう少し複雑になります。A社自身の課税ではありませんが、A社がM氏に教えてあげてもいいことですので、ここで見てみます。

事例の賃貸料が源泉徴収の対象になるのとは別に、M氏はこの収入を、居住者であった時と同じように、非居住者になってからも日本に確定申告する必要があります（所法164①二）。不動産関係の国内源泉所得は、そのオーナーが非居住者でも外国法人でも、源泉徴収の対象になるのと同時に、個人の確定申告あるいは法人税申告の対象にもなるのです。源泉徴収された所得税額は、この申告の中で精算されます。

M氏は、日本での国税事務の処理のために納税管理人を定めて、「非居住者であるM氏の日本での納税地」を所轄する税務署長に届け出ることになっています（通法117）。M氏の納税地とは、出国前の住所地に親族等が住んでいればその場所、そうでなければ貸し付けている不動産（店舗）の所在地になります（所法15四～六、所令53、54）。

その上、M氏がX国の居住者に該当すれば、X国でもこの収入の申告が必要になる可能性があります（X国の税制によります）。そうなると国際的二重課税が生じますが、日本の納税額はX国での申告上、外国税額控除の対象になると思われます。

結局、M氏は日本で源泉徴収と確定申告、そしてX国でも申告と外国税額控除など、かなり多くの事務負担を背負っています。

調査官の視点 ──────────────────→

- ☑ 取引内容や取引先など、何事にも変化があったら注目！
- ☑ 取引先の納税者ステータス（居住者・非居住者）の判定は、国際課税に係る源泉徴収調査の基本！

税務調査は、多くの取引の中から誤りのありそうな取引を見つけるものですから、会社業務の流れがこれまでと変わった点や、不規則になっている点に注意が払われます。

　源泉徴収に限らず、法人税や消費税一般の調査においても、新しい取引先や初めて扱う商品、これまでになかった取引方法などに注目されるでしょう。新しいことには誤りが多いと思われるからです。

　非居住者オーナーへの支払に関する源泉徴収漏れは、外国からの投資の人気が高いリゾート地のマンションを借りた場合などにも、見受けられます。最近は、都市部のオフィスビルでも、非居住者オーナーが増えているようです。調査官は、「賃借店舗のオーナーが外国に引っ越した」と聞いた瞬間、誤りの可能性に気が付いたかもしれません。

オフショア開発の委託費支払に源泉徴収が必要か

株式会社Ａ社は、従来からベトナムのＦ社（日本に事業拠点を有さない）に、データ入力や機械的なプログラミングをアウトソースしてきた。作業の内容をＡ社が詳細に指示し、Ｆ社はそれに従って人手をかけて入力等をする業務である（「業務１」）。Ａ社は支払の際に源泉徴収はしていなかった。

従来からの業務１とは別に、Ａ社はＦ社に対し、Ａ社自身が国内で使用するソフトウエアのシステム設計から制作までを一括発注した（「業務２」）。Ｆ社はシステムをベトナム国内で制作し、完成したシステム一式がＡ社に納品された。

その後の税務調査において、業務２の対価は「著作権の譲渡対価」に当たり、租税条約を考慮した上で、10％の源泉徴収が必要という指摘があった。

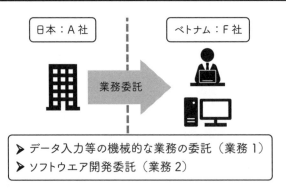

日本：Ａ社　　　　　ベトナム：Ｆ社

業務委託

➤ データ入力等の機械的な業務の委託（業務１）
➤ ソフトウエア開発委託（業務２）

（1）外国での役務提供ならほとんどの場合は源泉徴収不要

まず、業務１を考えてみます。Ａ社が従来からＦ社に委託していた業務１は、データの入力作業や誰がやっても同じ結果になる機械的なプログラミングでした。

先に、国内法の検討です。このような業務は、外国法人であるＦ社

がＡ社に対して行う「人的役務の提供事業」と考えられます。そして、条文には「国内において人的役務の提供を主たる内容とする事業……を行う者が受ける……対価」と書いてあります（所法161①六）。しかし、Ｆ社の役務提供事業は日本国内で行われていませんので、国内源泉所得には該当しません。したがって、Ｆ社は日本の課税を受けず、Ａ社が源泉徴収する必要もありません。

　次に租税条約ですが、ほとんどの条約では、人的役務の提供事業から生じる所得は「事業所得」に含まれます【注】。

　租税条約上、事業所得は、相手国内に事業拠点としての恒久的施設（PE）を有しており、それを通じて稼得される（PEに帰属する）ものでない限り、相手国では課税されません。つまり、Ｆ社の事業所得は、日本に有するPEを通じて得たものでなければ日本で課税されず、源泉徴収の必要もありません。どの租税条約でも7条のあたりに書いてある、「PEなければ課税なし」の原則です。

　したがって業務1は、対価が不相応に高額でもない限り、外国法人に外注費を払うだけの、ただの海外取引です。国内取引と同様、資産計上の要否や損金算入のタイミングなどが検討事項になるでしょう。

【注】

　重要な例外として、日印租税条約と日・パキスタン租税条約があります。

　これらの条約では、一定の人的役務（技術者やコンサルタントの役務等）の提供から生じる収入は、日本国内に役務提供者のPEがなくとも、対価の支払者が日本の居住者等であれば、日本で課税（10％の源泉徴収）ができることとされています。

　したがって、日本企業が受ける人的役務がインド国内だけで提供されたとしても、日本からの支払の際には10％の源泉徴収が必要になります（日印租税条約12、日パ租税条約13）。

（2）ソフトウエアを自分で作れば著作物

　次に、調査官から指摘のあった業務2です。業務1との違いは、F社がソフトウエアの開発全体を請け負っているという点です。

　ソフトウエアは、プログラムの著作物として著作権法上の著作物に該当します（著作権法10①九）。著作権は、著作物を創作した著作者（F社）が自動的に取得するものです（著作権法2①二、15②、17）。著作物の判定では、「創作的なもの」がキーワードです。著作物とは、誰がやっても同じ結果になる作業からではなく、創作行為から生まれる成果物ということでしょう。

　著作権の使用料や譲渡による収入は、国内源泉所得として、人的役務の提供事業とは別建てで規定されています（所法161①十一）。調査官は、業務2が単純作業ではなくF社に著作権が生じる創作的な仕事であり、その譲受けの対価は著作権の譲渡に当たると考えたのです。

　国内法では、外国法人に支払う「著作権の使用料又は譲渡の対価」は、その著作権が日本国内で使用される限り国内源泉所得に該当し（所法161①十一ロ）、20.42％の源泉徴収が必要になります（所法212、213）。ここでは、使用料も譲渡対価も取扱いが同じになっています。

　次に、租税条約の検討です。日本とベトナムの租税条約では、著作権の使用料（日越租税条約12③）又は譲渡（日越租税条約12⑤）の収入に対しては、支払者の国でも課税できることと、租税は収入額の10％を超えないことが規定されています（日越租税条約12②④）。これによって、国内法の源泉徴収税率である20.42％は、租税条約上の制限税率である10％に下方修正されます。

　結局、A社はF社へ業務2の対価を支払う際、日越租税条約によって軽減された10％の税率で、源泉徴収を行う必要があったことになります。

（3）租税条約による課税減免の当たり外れ

　ここでお伝えしたいのは、国別の課税根拠の詳細な掘下げというより、「同じ取引でも租税条約によって、国ごとに課税結果が大きく異なる」という、いかにも国際課税らしい実態です。

　IT に関するオフショア開発の委託先としては、中国・韓国・インド・ベトナムなどが多いようです。そこで、これらの国に米国と英国、OECD モデル租税条約を加えて、著作権譲渡に係る課税と源泉徴収の要否を比較したものが【図表 38】です。

　国内法では一律 20.42 ％の源泉徴収が必要になるところですが、租税条約による修正は、①軽減なし（国内法どおりの課税）、②税率の軽減（10 ％に下方修正）、③源泉徴収不要（免税）の 3 通りに分かれています。

　大きく違っている原因は、著作権の譲渡対価が租税条約の上で「使用料」と「資産の譲渡対価」のいずれに該当するか、次にその対価に対して日本の課税権が認められているか、最後に日本で課税できる場合には限度（軽減）税率が設けられているかなどの、租税条約ごとの個性の違いです。つまり、租税条約によって 0 ％〜20.42 ％の当たり外れがあるのです。

【図表 38】非居住者に支払う著作権の譲渡対価の源泉徴収

国内法適用	源泉徴収 20.42 ％		国内源泉所得に該当し日本の課税対象
条約相手国（取引先国）	条約による軽減等	条約上の所得区分	条約上の取扱い
中国	源泉徴収 20.42 ％（国内法どおり）	譲渡所得	日本でも課税可 限度（軽減）税率なし
ベトナム・韓国	源泉徴収 10 ％	使用料	日本でも課税可 限度（軽減）税率適用
インド・米英・OECD	源泉徴収は不要（日本に課税権なし）	譲渡所得	譲渡者の居住地国のみで課税可

事例の F 社が米英の法人であれば源泉徴収は不要で、調査で指摘されることもありませんでした。一方、中国の法人であれば、租税条約があっても国内法は修正されず、20.42 ％というかなりの額の源泉徴収漏れとなったはずです。

調査官の視点 ──────────────────→

- ☑ 同じ取引先でも、今までと違った内容の取引をしていたらよく確かめる！
- ☑ まずは、国内法どおりに源泉徴収されていないものを探せ！

　「国内法では源泉徴収不要なのに、租税条約があるから源泉徴収の必要があった」という状況は、原則として生じません。租税条約は国内法の課税を減免するもので、国内法にない課税を創り出すものではないからです。

　とはいえ、レアケースではありますが、結果的にそのような状況が生じる可能性も皆無ではありません。租税条約が、国内法上の国内源泉所得の範囲を修正するために生じるケースで、上記【注】のような、人的役務の提供事業に係る日印租税条約等の特殊な例外もその一つです。

　しかし、税務調査で問題になる「源泉所得税の追徴課税が生じるケース」とは、「国内法どおりに源泉徴収されておらず、しかも、租税条約によっても源泉徴収が免除にならない支払」です。租税条約を見落とすより、国内法を見落とすほうが後々大変なのです。ですから、源泉徴収漏れのリスク回避のためには、まずは国内法による源泉徴収の要否をしっかり判断することが基本です。

　源泉徴収する必要があれば、事前に取引先に伝えることが不可欠です。その上で、租税条約による課税減免の有無をおもむろに探るのが堅

実な順序でしょう。

　「国内法では源泉徴収が必要だったがそれを忘れていた、しかし条約をよく見たら源泉徴収は不要だった」という結果オーライは、実際の税務調査でもある話です。しかし単なるラッキーですので、これを当てにしてはいけません。

事例8 帰ってきた海外駐在員の事件

　株式会社Ｐ社の社員Ａ氏は2018年から5年間、Ｘ国（租税条約あり）の子会社Ｓ社に出向し、Ｘ国で勤務した。給与はＳ社からＸ国で支給され、それとは別にＰ社から留守宅手当（Ｐ社の損金となる）が日本で支給されていた。

　5年間の勤務の中で、Ａ氏は2020年5月から12月まで8か月間、新型コロナウイルスの拡大で一時退避帰国し、日本からリモートワークでＳ社業務を行っていた。出向は2022年12月に終了し、現地の住まいを引き払って日本に帰ってきた。

【事件1】

　その後、2023年にＰ社の税務調査があり、「Ａ氏がＳ社出向中に日本で勤務した8か月分の留守宅手当は源泉徴収されていませんが、源泉徴収が必要です」と指摘された。

【事件2】

　さらにその後、Ａ氏個人のもとにも、税務署から「2020年に日本で勤務した8か月に対応するＳ社払いの給与について、所得税の申告をされていますか？」と尋ねる文書が届いた。

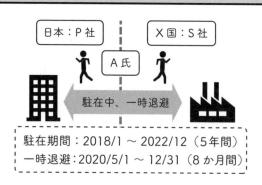

これは仮想の事例ですが、税法上はあり得る仕組みになっています。特にA氏にとっては、税務署からの連絡（事件2）は寝耳に水でしょう。

A氏は、X国に駐在していた5年間は「日本の非居住者・X国の居住者」でしたが、一時退避帰国は当時、命にかかわる最優先事項でした。

（1）【事件1】A氏はS社の人なのにP社が源泉徴収する？

親会社P社は、A氏に毎月支払う留守宅手当を給与（損金）で経理していました。しかし何となく、「A氏は子会社S社の社員だから、給与の税務はウチには関係ない」と思っていました。

A氏が外国で勤務し続けている限りは、それでよかったのです。しかし所得税法では、A氏が非居住者のままで日本国内で行った勤務に対応する給与の額は国内源泉所得に該当し、支払者が誰であれ、原則として所得税がかかることになっています（【図表39】）。

その上で、外国にあるS社が費用負担して支払う給与については、租税条約の短期滞在者免税（48ページ参照）で救済される場合があります。しかし、P社が日本で支払っている留守宅手当はP社の損金になっているので、短期滞在者免税の要件を満たさず、免税にはなりません。

したがってP社は、日本で支払っている給与（留守宅手当）のうち、A氏が日本国内で勤務した日数（8か月）に対応する額については、20.42％の源泉徴収をする必要がありました（【図表39】のⓑ、所法

【図表39】非居住者の日本勤務に係る給与課税

ⓐ	日本での勤務期間に対応する給与に所得税がかかる
ⓑ	日本の親会社が支払う給与は、支払者が源泉徴収する
ⓒ	外国子会社が支払う給与（日本で源泉徴収できないもの）は、駐在員自身が申告納税（準確定申告）する
ⓓ	ただし、駐在先国との間に租税条約があれば、日本勤務がおおむね183日までなら、上記ⓒの所得税は免税になる

212 ①、213 ①）。なお、1 か月の中で部分的に日本勤務がある場合には、日数按分で計算します。月に 20 日なら、留守宅手当の月額×20 日／30（31）日です（所基通 161-41）。

（2）【事件 2】個人で申告が必要なんて誰か知ってた？

個人がしなければならない申告の方は、ちょっと厄介で厳しい話です（【図表 39】の ⓒ）。

A 氏の給与は S 社が現地 X 国で支払っていますが（現地の銀行口座に振込など）、国内法では、このうちの日本勤務に対応する部分が国内源泉所得に該当して、課税になります。

この課税は、租税条約の短期滞在者免税に該当すれば免除になります（【図表 39】の ⓓ）。しかし、日本滞在が 8 か月と 183 日を大きく超えているので、こちらも留守宅手当と同様に、短期滞在者免税の適用はありません。結局 A 氏は、S 社から支給される 8 か月分の給与について、日本で課税になります。

ここで日本国の課税の観点からは、できることなら源泉徴収をしたいのですが、外国で支払われているのでできません。そこで税法は、給与を支給された A 氏本人が、源泉徴収されるのと同じ内容（支給額の20.42 ％）を申告納税してください、と規定しています（所法 172 ①）。これを「準確定申告」といい、個人の申告義務になっています。ですから税務署は、P 社に対してではなく、申告していなかった A 氏に直接お尋ねの文書を出してきたのです。

この準確定申告は、原則として、日本勤務に対応する給与を 1 年分まとめて、翌年 3 月 15 日までに申告納付するものです。対象となる給与の額は月ごとに日数按分で計算しますが、グロスの給与額に対する20.42 ％は、かなり大きな負担です。その上、もし申告期限（翌年の 3月 15 日）よりも前に本人が X 国に戻る場合には、そのために日本を出る日が申告と納付の期限になるという、非常に厳しい規定になっていま

す。

　日本で源泉徴収や申告納税をした税額は、A 氏の居住地国である X
国に外国税額控除制度があれば、A 氏が申告することで外国税額控除を
受けられるでしょう。しかし、それでも全額が控除されるとは限りませ
ん。

(3)「著しく少額」とはいくらのことですか

　日本勤務に対応する給与は、滞在日数で按分計算します。では、日本
でたった 1 日仕事しただけでも、月給の 1/30 の源泉徴収や準確定申告
が必要になるのでしょうか？

　所得税基本通達 161-41 は、日数按分した結果が、「給与の総額に対
して著しく少額と認められる場合」は課税しなくてもいいとしていま
す。非居住者の日本出張が短期間なら、源泉徴収や申告をしなくていい
場合があるのです。しかし、「では、いくらなら著しく少額といえるの
か」については、材料が何も示されておらず、明らかではありません。
税務当局には、何らかの指針を示していただきたいものです。

(4) 日本滞在が半年以内なら租税条約で何とかなる

　随分厳しい給与課税ですが、上記の「著しく少額の場合」とは別に、
X 国との間に租税条約があれば、A 氏の課税（準確定申告）が免除にな
る可能性がありました（【図表 39】の ⓓ）。日本が結んでいるすべての
租税条約にある「短期滞在者免税」です（参考：OECD モデル租税条約
15）。この規定の次の 3 つの適用要件を満たせば、S 社が A 氏に支払う
給与に対する日本の課税（準確定申告）は免除になります。

---

　①　連続する 12 か月間での日本滞在が合計で 183 日以内
　②　日本の居住者（親会社等）が給与を費用負担しない
　③　日本の課税上、給与が支払者の日本事務所等の費用にならない

しかし、事例では残念ながら、A氏は8か月（約240日）間日本に滞在していますので、①の要件を満たさず、適用はありません。租税条約の優遇措置が受けられなければ、所得税法に戻って、8か月分すべて（183日を超える部分だけではありません）の給与について、準確定申告をする必要があります。

なお、①の日数カウントの方法には、条約によっていくつかのパターンがあるため、実務では個々の条約の確認が不可欠です。

（5）駐在先が子会社か支店かでも源泉徴収が違う

事例では、A氏の駐在先はX国のS社で、子会社とはいえ日本のP社とは別人格の法人です。しかし、海外の駐在先には、子会社ではなく海外支店や駐在員事務所など、法人税法上「日本法人の一部分」である拠点もあります。この場合も、駐在員が非居住者である限り、一時的な日本勤務に係る給与の課税関係は、子会社の場合と基本的には同じです。

しかし、次の点については、子会社の場合とは決定的に異なりますので、十分な注意が必要です。

▶ 租税条約の短期滞在者免税の適用がない（上記の適用要件の②を満たさないので、滞在183日以下でも所得税法どおり課税になる）。

▶ 給与が物理的に海外支店等で払われていても、日本の本店が支払者とみなされて源泉徴収義務が生じる（所法212②）。したがって、個人の準確定申告の必要はない。

調査官の視点 ──────────────────────→

☑ 海外駐在員が日本国内で勤務したら、国内法ではその期間に対応する給与が日本で課税になる。日本の親会社が支払う給与であれば、源泉徴収が必要！

☑ 海外子会社が支払う給与であれば、租税条約があれば日本滞在

> 183日以下なら日本の課税は免除になる。その適用がなけれ
> ば、駐在員個人で準確定申告が必要!

　コロナ禍が去っても、非居住者である駐在員が、会議や営業などの必要に応じて、一時的に日本に戻って勤務する機会は多いと思います。

　海外駐在員を擁する法人としては、居住者と非居住者の給与課税と源泉徴収事務は大きく異なるという意識を持つことが重要です。特に、居住者・非居住者という納税者ステイタスの変わり目を見落とさないことが大事です。

　非居住者である駐在員は、一般的な外国人と同じ課税になります。

　特に準確定申告（所法172）は、駐在員にとって厳しいルールです。その必要性に自分で気付き、外国払いの給料を申告納税せよといわれても、普通の会社員にはあまりに酷な注文と思われます。また、もしA氏が適切に申告できていなくとも、会社の責任ともいえません。

　対策としては、「会社が先に気付いて、駐在員に申告義務があることを知らせる」というアクションしか考えられません。後から【事件2】のようなことになれば、A氏は「会社が教えてくれていれば……」と思うでしょう。駐在国との間に租税条約がない、又は非居住者社員の日本勤務がおおむね183日を超える長期の日本滞在などのケースを見落とさないことが大事です。

事例9 本社役員のままで海外子会社に赴任

　株式会社P社は、X国（OECDモデル租税条約に準じる内容の租税条約あり）に100％子会社のS社を有している。P社は昨年、S社の事業活動強化のために、現地事情に詳しくX国語も堪能な自社役員のK氏を、P社役員の地位はそのままに、S社の代表者として出向させた。

　K氏は家族ともども数年の予定で現地に住み、日本には戻っていない。S社の代表者としての報酬はS社が現地で支払っている。一方、P社の役員としての報酬はP社が日本で支払っており、「月額表甲欄」で源泉徴収している。

　しかし、P社の税務調査において、「K氏に支払うP社の役員報酬に係る源泉徴収は、甲欄ではなく、非居住者に支払う給与として20.42％で行わなければならない」と指摘された。

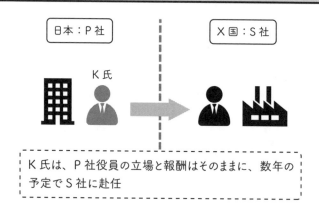

K氏は、P社役員の立場と報酬はそのままに、数年の予定でS社に赴任

（1）役員の落とし穴

　K氏は数年の予定でX国に住みますので、赴任のために日本を出国した翌日から納税者ステイタスが変わり、非居住者になります。そうすると、これまで全世界所得が対象だった日本での課税が、国内源泉所得

に限られてきます。

　原則としては、非居住者の給与が国内源泉所得になるのは日本国内で行う勤務に基因する部分だけですので（所法161①十二イ）、国内での勤務がない限り課税にはなりません。給与が国内で支払われても、源泉徴収の必要もありません。現地国での課税があるだけです。

　ところが、役員の場合は違います。

　上記の条文には内国法人の役員に関する例外が書かれていて、「内国法人の役員の場合は、国外で行う勤務に基因する給与も国内源泉所得となる」とされています（所法161①十二イかっこ書き）。

　役員は経営に携わることから、勤務する国と所得の源泉地国との結びつきが弱いために、このような規定になっています。内国法人の役員は、世界中のどこで勤務していても、給与は国内源泉所得に該当します。そして、ほとんどの租税条約も、このような課税を認めています（例：OECDモデル租税条約16）。

（2）いつもの源泉徴収税額表は使えない

　P社が支払う役員報酬は、K氏がどこの国で勤務していても国内源泉所得となって、日本の課税の対象になります。

　ところで、P社はK氏のX国赴任以前は「月額表甲欄」で源泉徴収をしており、K氏がX国勤務になった後もそれを続けていました。しかし、源泉徴収で月額表や日額表を使うのは居住者の場合に限られていて（所法183）、非居住者になったK氏には使えません。非居住者の場合は20.42％の源泉徴収が必要です（所法213①一）。

　K氏の場合、月額表の税額の方が一律20.42％の税額より少なかったことから、この差額が源泉徴収不足と指摘されたものです。

☑ 社員の納税者ステイタスが変わると、源泉徴収の税率や方法が
　大きく変わる！

☑ 非居住者である役員に国内で支払う報酬は、日本勤務をしてい
　なくても全額が源泉徴収の対象になる！

　もしK氏が役員でなければ、事例でP社が支払う給与は国内源泉所
得になりません。その場合の税務調査での指摘は、「K氏は非居住者な
ので、日本での勤務がなければ源泉徴収は不要」となっていたでしょ
う。

　あるいは、K氏の給与が相当高額である場合は、月額表による源泉徴
収税額の方が一律20.42％よりも高くなって、やはり源泉徴収が過大と
いう結論になる可能性もあります。

　なお、K氏が日本で源泉徴収された税額は、X国に外国税額控除の制
度があれば、それを受けられるのが一般的です。しかし、支払額の
20.42％というのはかなり高い税率ですので、全額は控除できない可能
性もあります。

4 外国税額控除

事例10 外国で源泉徴収されても外国税額控除が受けられないとき

　精密機械の修理業を営む株式会社A社は、縁あってX国の法人B社から、A社の有する高度な専門技術が必要となる機械の修理を受注した。日本とX国の間には、OECDモデル租税条約に準じる内容の租税条約がある。

　修理の現場はX国にあるB社工場で、A社にとっては初の海外の仕事だった。A社は技術者をX国に1週間出張させ、異国での苦労を経て無事に修理を完了した。

　その後、修理代金を受領したが、そこからはX国の「Corporate Income Tax」として15％が源泉徴収されていた。事後的にB社に問い合わせると、X国内での役務提供に対する支払の際は源泉徴収することが、X国の税法で規定されているという。そこで、A社はこの税額を、日本で外国税額控除の対象として申告した。

　しかし、申告した事業年度に係る税務調査において、「X国での源泉徴収は、租税条約によって免除されているものと認められる。したがって、この税金は控除対象外国法人税に該当しないため、外国税額控除の対象とすることはできない。」と指摘された。

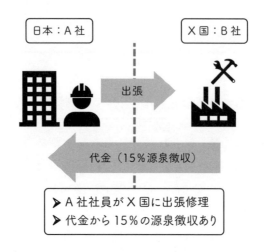

日本：Ａ社　　　　　Ｘ国：Ｂ社

出張

代金（15％源泉徴収）

➤ Ａ社社員がＸ国に出張修理
➤ 代金から15％の源泉徴収あり

（1）外国税額控除で気を付ける3つの観点

　事例では、Ａ社の収入から15％分のＸ国税額が天引きされています。Ａ社はこれをＸ国に納税したということです。Ａ社の収入は当然、日本でも法人税が課税されますから、この部分は同じ所得に日本とＸ国の両方から課税されて、国際的二重課税が発生します。外国税額控除は本来、このような国際的な二重課税を解消、軽減するための伝統的な、重要な制度です。

　しかし、外国税額控除は、納税者の居住地国側（事例では日本側）が、Ａ社がＸ国に納税した税額分の課税を諦めるという、国にとって痛み（歳入の減少）を伴う制度です。いわばＸ国税額を、日本国がＡ社に代わって支払うのと同じです。したがって、外国で支払った税金なら何でも対象にするわけではありません。日本が肩代わりしてもいい、正しく二重課税となっている外国税額をできるだけ正確に特定する必要があります。そのため、外国税額控除の適用には厳格な要件が設けられています。要件は、大きく分ければ次の3点です。

　① 「外国法人税」に該当すること（外国の税が、所得に課税される日本の法人税に相当する税であること）

② 「控除対象外国法人税の額」に該当すること（日本の法人税額との間で二重課税が生じている税額部分であること）

③ 「控除限度額」の枠を超えないこと（外国で生じた所得に対する日本の納税額の範囲内であること）

（2）訳あり法人税の具体例

では、A社は実際に天引きされてしまっているのに、外国税額控除ができないのでしょうか？

まず要件①ですが、事例の税は"Corporate Income Tax"（法人所得税）とされており、名称や税率からは外国法人税に該当しそうです。調査官がX国の税法を調べると、確かに、外国法人（事例ではA社）がX国内で行った役務提供（機械の修理）から得た収入はX国の国内源泉所得に該当し、支払の際に15％の源泉徴収を行うことになっていました。所得に対する課税ですが、徴税の方法は申告納税ではなく、収入金額の一定割合を源泉徴収する方法で、日本の源泉徴収の仕組みと同じものです。したがって、外国法人税に該当しますので、まずは門前払いにはなりません。

次に要件②です。その性格は所得に対する課税であっても、日本の法人税との間に重複が生じないために外国税額控除の対象にならない「訳あり外国法人税」が、法人税法施行令に個別に規定されています。次のようなケースが代表例です。

（ア）　外国法人税の税率が35％を超える部分の金額（法令142の2①）

（イ）　通常行われる取引と認められない、租税回避目的の取引から生じる外国法人税（同⑤）

（ウ）　租税条約により税率が軽減又は税が免除される部分（同⑧五）

（ア）は、日本の実効税率より明らかに高税率の部分は、課税が日本と二重になりようがないので対象としないという趣旨です。（イ）は、外国税額控除制度を租税回避に使おうとする悪質なスキーム取引を封じ込めるための規定で、対象となる取引方法がかなり具体的に示されています。

　そして（ウ）が、事例の取引に適用されて、X国税額が外国税額控除の対象外となってしまう規定です。

（3）租税条約は相手国の税法も修正する

　日・X租税条約は標準的な内容ですから、その第7条には「PEなければ課税なし」の原則が規定されています。これを事例に当てはめれば、「A社の事業所得は、A社がX国内に有する恒久的施設（PE）を通じて事業を行わない限り（PEに帰属しない限り）、X国では課税されない」となります。

　A社が行ったのは人的役務の提供事業ですが、租税条約の規定上では、それも第7条がカバーする事業に含まれると判断されます。そうすると、X国にPEを持たないA社は、社員がX国内で1週間働いたとしても、事業所得はX国で課税されません。B社が行った源泉徴収を定めるB国の税法の規定は、日・X租税条約第7条によって修正されますので、A社はX国への納税義務は生じず、B社が行った源泉徴収は根拠を欠いていたことになります。

　このような「条約を適用すれば納める必要がなかった税金」が、上記（ウ）に該当します。払わなくてもよかった税金分まで、日本の国庫から面倒は見ないということです。

（4）相手のミスというより当方のミス？

　これは、租税条約の規定を見落として本来不要な源泉徴収をしてしまった、B社のミスという見方もできるでしょう。

　しかし一方で、租税条約を適用して相手国での納税を軽減したい場合

は、その適用（税の減免）を受ける者（Ａ社）が、相手国（Ｘ国）に租税条約適用の届出書を提出するのが一般的な手続です。Ａ社が届出書を作成し、対価の支払者（源泉徴収義務者）であるＢ社を経由して、Ｂ社から現地国の税務当局に提出することになります。

　Ａ社としては、租税条約の適用によって源泉徴収を避けるためには、手続の第１歩目をＡ社側から踏み出す必要があるわけです。届出が提出されないと、支払者（Ｂ社）が自国の国内法どおりの課税（源泉徴収）をしてもやむを得ない、と考えられてしまいます。租税条約を適用するかどうかは、原則的には税の優遇を受ける納税者の自由な選択だからです。

調査官の視点

☑ 外国で支払った（源泉徴収された）税金は、そのまま全額ではなく、租税条約を使えば軽減されるはずだった金額が、外国税額控除の対象となる！（実際に租税条約を適用して軽減されたかどうかは関係ない！）

　事例では、厳しくいえば、Ａ社がＸ国の税制や租税条約を知っていれば良かったことだといえます。また、Ｂ社が租税条約の内容やその適用の手続を知っていれば、前もってＡ社に教えてくれれば助かっていたわけです。

　Ａ社が源泉徴収された税金を取り返す方法としては、遅まきながらＡ社から租税条約適用の届出書をＢ社経由でＸ国の税務当局に提出することで、過大な源泉徴収税額を還付してもらえる可能性はあります。しかし、Ｂ社の協力が得られないかも知れませんし、あるいはＸ国の税制がそれを認めるかどうかも分かりません。慣れないと大変かも知れま

せんが、外国から収入を得る時には、それが源泉徴収や現地国での申告
納税の対象にならないかどうかを、取引相手と事前に確認しておくのが
堅実です。

　株式会社 C 社は、取引先の勧めで、欧州 S 国の株式や社債に投資する金融商品を、S 国の証券会社で購入した。日本と S 国は、OECD モデル租税条約に準じた、標準的な内容の租税条約を結んでいる。

　購入後しばらくして、証券会社から送金された利益分配金からは、35 ％の源泉徴収をされていたので、C 社は外国税額控除の対象として申告した。

　しかし、その後の税務調査において、「35 ％のうちの 25 ％部分は、日・S 租税条約の限度税率である 10 ％を超えているので、外国税額控除の対象にならない」旨の指摘があった。

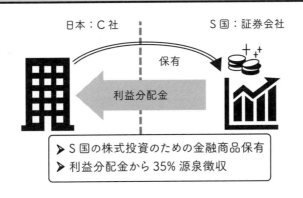

日本：C 社　　　　　　　　　S 国：証券会社

保有

利益分配金

➤ S 国の株式投資のための金融商品保有
➤ 利益分配金から 35% 源泉徴収

　日本と S 国の租税条約の第 10 条（配当）、第 11 条（利子）には、「S 国が課税できる税率は 10 ％を超えないものとする」と定められていました。このような、租税条約が国内法の定めを下方修正する税率のことを、限度税率といいます。

　C 社が投資した金融商品は、S 国法人の株式や社債への投資から得られる配当や利子を投資家に分配するものでした。したがって、この分配金に関して C 社が払う（源泉徴収される）べき S 国税は、S 国の国内

法では 35 ％であっても、租税条約による限度税率の 10 ％に軽減されているのです。

　しかし、S 国の税制では、租税条約の規定にかかわらず、まずは国内法の税率（35 ％）で源泉徴収することになっていました。納税者（C社）は、S 国の国内法による源泉徴収の後に、条約適用による税率軽減を S 国税務当局に申請して初めて、差額 25 ％分の還付を受けられるという制度です。

　この還付を受けることができる差額部分が 183 ページの（ウ）に該当しますので、条約の限度税率である 10 ％までしか外国税額控除はできないことになります。

調査官の視点

☑ 租税条約による租税の軽減や免除の多くには手続が必要になる。それをしていない場合は、納税者が租税条約を適用しない選択をしたことになる！

　調査官は、納税者が外国税額控除できるのにしていない外国法人税があっても、まず指摘はしません。納税者は、外国税額控除制度を適用せずに、外国税額をそのまま損金に算入する選択もできるので、外国税額控除をしないことが誤りではないからです（法法 41）。

　一般的には、損金算入よりも税額控除の方が法人に有利なことが多くなります。しかし、損金算入も選択肢ですので、仮に少々会社に不利な税務処理であるように見えても、税務調査はその判断には踏み込みません。

　外国税額控除の調査のポイントは、183 ページの 3 つの要件です。その根底にあるのは、「日本の税収が制度の趣旨を超えて減少していない

か？」という考え方です。外国の一方的な高額課税をすべて受け入れて、国がそれを肩代わりして支払うことはできません。外国税額控除の要件や限度額計算が厳しく、複雑になる理由はここにあります。

　納税者の立場からも、外国税額控除を適用しようとする時には、このような発想に基づくチェックが有効だと思います。

　事例10、11では、突き詰めれば、A社やC社がX国税法、S国税法、租税条約等を知らなかった、あるいは確認しなかったことが、外国税額控除の否認の原因だったとはいえるでしょう。しかし、そんな専門的な話を知らなかったと責めるのも酷な話です。さりとて、「相手のすることを信じるな」ともいえません。

　難しいところですが、海外取引の際には、支払側であっても受取側であっても、源泉徴収の可能性や内容、それが租税条約で減免できる可能性などを、相手と事前に確認し合っておくことが大事だといえるでしょう。

Ⅱ 国際的租税回避ルールを適用する事例

1 海外に拠点を持つ

事例12 親子会社は他人の始まり

　株式会社A社は、念入りなリサーチを行った結果、Y国に100％出資子会社であるB社の設立を決定した。これを受けて、A社からB社に出向させる幹部社員の予定者だけを構成員として、設立準備室が立ち上げられた。

　準備室のメンバーはそれまでの業務から離れ、2か月間B社の立上げ業務に専従して一切の関連事務を行い、その後Y国に赴任して現地での業務を開始した。

　A社は、B社の現地登記の費用や、現地事務所の家賃等は新設されるB社の費用として経理していたが、日本国内で生じた費用は特に区分せず、A社の費用としていた。

　しかし、その後のA社の税務調査において、設立準備室の業務に係る人件費・物件費は、原則として全額がB社の費用になる（＝A社の費用となっている金額は否認）と指摘された。

（1）海外子会社は国際課税の入口

　海外子会社を持つと、そことの取引には、法人税法の延長で考える問題や、国際課税の基本ルールである源泉徴収や外国税額控除に止まらず、租税回避防止ルールを含めたすべての国際課税制度が関係してきます。国際税務の大波です。

現実的には取引の規模にもよると思いますが、税務調査でも、海外子会社との取引の状況や、子会社本体の現地での業務の状況、財務の状況などが、重点的に確認されるポイントになります。さらに、CFC税制や移転価格税制において、かなり厳格な書類の作成・保存の義務も要請されています。海外子会社との取引や現地の状況を普段からよく点検して、各種の税制の適用に備える必要があります。

（2）海外子会社の設立費用は誰が持つか

　事例は、海外子会社を保有する入口のところで、その設立費用を親・子どちらが負担するか、という問題です。基本的には、子会社が国内か海外かで異なる話ではありませんが、親子が国境を挟んでいますと、このような点にも国際課税の基本的な考え方が表れてきます。それは、「親子会社といえども他人」という点を、より厳しく捉えるということです。

　海外子会社の設立に当たっては、候補地国の選定、市場やビジネス環境の調査、子会社の規模や業務（機能）の決定、現地での許認可や各種手続など、多くの手間とコストがかかるでしょう。「どの国にどんな子会社を設立したら、企業グループの利益を最大化できるか」と検討している間のコストは、グループの総帥たる親会社の負担として問題ありません。

　一方、子会社の設立が確定して、具体的な準備のための支出になると、そこから先は基本的にはその子会社が負担すべき費用になります。A社は、B社設立のための費用のうち、Y国内での支払はB社の費用と認識し、そのように経理していました。しかし、準備室のメンバーの人件費や、Y国への事前出張旅費などは、A社の費用にしたままでした。しかしこれらの費用も、B社が実際に業務を行うための固有の費用と考えられます。この観点からの指摘があったということでしょう。

（3）間接費まで対象になる

　さらに厳格に考えれば、Y国で発生する設立準備関係の費用や準備室メンバーの給与、直接的な出張旅費等に止まらず、準備室の業務全般に係る間接費用も、B社の負担すべき費用に該当してきます。

　例えば、A社屋の中にある準備室に対応する家賃相当額や、準備室メンバーが使った事務機器の費用など、他の部署（例えば総務部など）で発生する共通費用から、準備室の使用分に応じて按分計算等で切り出した金額などです。

　重箱の隅をつつくような感じですが、このような細かい発想は、特に相手が海外子会社では強くなります。日本の親会社が子会社の費用を負担すれば、その分だけ日本の所得が永久的に減少（子会社の所得が増加）するからです。

（4）親子間のコスト負担は透明性が一番

　一方、設立準備業務の中には、「企業グループ全体の利益のための、親会社固有の立場から必要とされる業務」などもあり得るでしょう。これならば、親会社自身の費用と考えられます。しかし、間接費をどこまで細かく切り出すかなども含めて、明確な線引きは、実務的には簡単ではありません。現実的には、税務当局との間で意見の相違が生じやすい点になるでしょう。

　このような細かい考え方は、移転価格税制に基づく課税のうちの「企業グループ内の役務提供」（Intra-Group Service：IGS）の課税の考え方と軌を一にするものです。このような問題への対策としては、あらかじめ「親子間でのコスト負担をこう考える」という自社のポリシーを定め、それに基づいて、普段から透明性のある税務処理を行うことが有効です。

　なお、法人の創立費や開業費等については、法人税法では繰延資産として随時償却できますが（法法32、法令64）、海外子会社で発生する開

業費等の税務処理は、現地の税法に基づいて行う必要があります。

調査官の視点 ────────────────────→

☑ 海外子会社が負担すべき費用を日本の親会社が負担すること
　で、親会社の所得が過少になっていないか？
　その調査は、海外子会社の設立の時から始まっている！

　海外子会社を持つと、馴染みの薄い現地税法に従って、現地の法人税
や消費税（付加価値税）を申告・納税しなければなりません。その上、
親会社は、子会社の業務や取引に関して、国際的な租税回避防止ルール
の適用の有無を検討する必要も生じます。これまでは縁がなかった申告
書別表等の作成・提出、詳細な資料の事前作成や保存なども新たに求め
られます。

　事例にある海外子会社の設立費用の負担は、一見、単なる線引きの問
題のようです。しかし、その根底にあるのは、「子が負担すべき費用を
親が負担したら、それに相当する課税所得が、親から子（日本から外
国）に流出する」という考え方です。

　この点は、国際課税制度が総がかりで防ごうとしている、最大のテー
マです。タックス・ヘイブン対策税制も移転価格税制もそれを目的にし
ていますし、海外子会社の所在地国の税務当局も、反対側の視点から海
外子会社を見ています。「自国にある子会社が、日本の親会社が負担す
べき費用まで負担して、その分こちらの課税所得が減少していないか」
という視点です。親会社と子会社それぞれの国が、互いに同じことを心
配しているわけです。

　海外子会社との取引では、「親子といえども他人」を、相当ドライに
考える必要があります。調査官はその点を必ず確認していきます。

株式会社 A 社の X 国（OECD モデル租税条約に準じた内容の租税条約あり）駐在員事務所は、現地市場の情報収集を業務としているが、A 社の商品に興味を持つ客に対しては、日本の本社に連絡して担当部署の窓口を紹介することもあった。

ある日、X 国の税務署から駐在員事務所に対して、事務所が恒久的施設（PE）に該当するので、法人税申告が必要だと指摘された。

駐在員事務所には独自の売上はなく、支払費用しか記帳していなかったため、課税所得は、X 国税務署によって、費用の総額に対するみなし利益率を使って算定された。

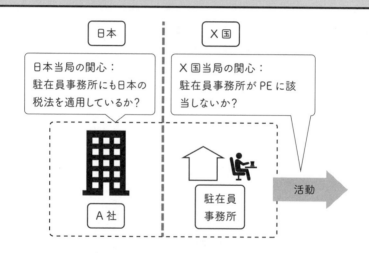

（1）外国でも調査が来た

外国の税務当局による調査の事例です。

駐在員事務所に対して、現地税務当局から突然、「法人税の無申告」が指摘されました。A 社は、駐在員事務所の活動について、日本・X 国租税条約に定められている「準備的・補助的な活動」の範囲を意識して、それを超えないように活動してきたつもりでした。

しかし現地税務当局は、駐在員が行った「商品に興味を持った客に本社の担当窓口を紹介する」行為を、情報収集などの準備的・補助的な活動を超えた「営業活動」と認定し、事務所の活動は準備的・補助的活動の範囲を超えているので、PE の例外に該当しないといいます。

　A 社からすれば、X 国の PE 認定（税務当局が事実関係等に基づいて PE が存在すると判断すること）は、租税条約の規定に適合していない、強引な課税と思われました。

（2）外国での PE 認定の根拠は外国の税法

　日本の法人税法と所得税法には、PE の定義や帰属所得の計算に関する細かい規定があります。しかし、この規定が対象としているのは「外国企業が日本に PE を持つ場合」です。日本が外国企業に課税するための規定なのです。日本企業が外国に PE を有するかどうかは、日本税法ではなく、所在国の税法の判定に従うことになります。

　ただしここで、租税条約が大いに働きます。日本が結んだすべての条約には、PE の定義（5 条あたり）と帰属所得計算の考え方（7 条あたり）が必ず規定されています。租税条約は両国の国内法を等しく修正しますので、日本の、あるいは相手国の税法で PE がどう定義されていても、条約に書いてある定義が、両国共通の（修正された）定義になるのです（【図表 40】）。

（3）外国のことは外国が決める

　しかし、国によっては、自国の税法の運用や独自の条約解釈に基づいて PE 認定が行われるケースが、実際に生じているようです。客観的に見て、租税条約の規定によって PE が存在するとされる範囲を超えて PE が認定されるケースです。

　PE 認定はその国の税収の純増に直結します。日本企業が多く進出するアジアの新興国等においては、自国の課税権（税収）確保の観点か

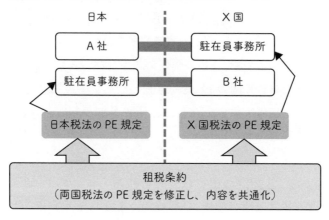

【図表 40】租税条約は当事者国の税法を統一する

日本　　　　　　　　　　X 国

A 社　　　━━━　駐在員事務所

駐在員事務所　　━━━　B 社

日本税法の PE 規定　　　　X 国税法の PE 規定

租税条約
（両国税法の PE 規定を修正し、内容を共通化）

ら、時に少々強引な PE 認定が見受けられるようです。

　日本では、外国企業による駐在員事務所の設置に、ほとんど規制はありません。しかしこれらの国々では、事業の監督官庁への申請や認可、登記などが必要になる国も多くあり、自国に進出してくる外国企業の活動に目を光らせています。

（4）日本での外国税額控除は難しい

　A 社はやむを得ず、X 国税務当局の指摘どおりに申告・納税しました。しかし、「駐在員事務所は本社の一部なので、この税金は日本の本社に課されていることになる。それなら、国際的二重課税として、日本で外国税額控除ができないか？」と考えました。これができれば、A 社全体の租税負担が軽減されます。

　しかし、もし外国当局による PE 認定が租税条約の規定に適合しないものである場合には、日本の本社の法人税申告で外国税額控除の対象とすることは、難しいと言わざるを得ません。

　X 国の駐在員事務所が租税条約上 PE に該当しないのであれば、現実には X 国が課税をしたとしても、その税額は、条約の規定により X 国

が課すことができる額を超えています。そうすると、その超える部分の租税は控除対象外国法人税の額に該当しませんので、外国税額控除の対象にはなりません（法令142の2⑧五）。

　外国税額控除は、国際的な二重課税を解消するために、外国の課税額に相当する日本の税収を放棄する（外国の税金を国が負担する）仕組みですから、租税条約に合致しない（強引な）課税による外国の税額まで、日本国が負担することは不相当と考えられます。ただし、A社の申告上、X国で支払った税金を損金算入することは可能でしょう。

調査官の視点

- ☑ 【外国の調査官】駐在員事務所と名乗っていても、活動内容によってはPEと認定して申告納税してもらう！
- ☑ 【日本の調査官】外国の課税が租税条約（締結していない場合は日本の国内法）の内容に適合したものでなければ、外国税額控除は認められない。

　PE認定や、その課税所得の算定方法は、国際課税の伝統的な問題になっています。しかも、事実関係の認定次第で、その結論が大きく左右されるものです。駐在員が現地で営業行為をしたか否か等の判定は、事実関係の受け止め方によって相当異なってくるでしょう。

　PE認定は、国にとって、外国企業の事業所得に課税するための手段です。もちろん日本の税務当局も、外国法人の日本での活動内容に応じて、PE認定を行うことがあります。

　外国でPE認定される（すなわち本社が外国に税金を払う）という税務リスクの回避には、面倒でも現地の税法や税務執行の状況、各種の規制などを調べ、それに見合った業務を行うことが第一です。租税条約を

適用するための現地での届出や手続を、確実に行うことも欠かせません。日本での調査対応と同様に、事業活動が現地国の税法や租税条約に則っていることを外国当局に示せるような、文書や資料を準備しておくことも有効です。

　実際には、駐在員事務所ばかりではなく、海外に長期間出張や出向している社員の活動そのものが PE と認定されたり、現地の第三者である販売代理店が、その業務内容から本社の PE に認定されたりするケースもあります。本社の一部分を通じての外国での事業拡大には、PE 認定リスクが付きまとっているわけです。

事例 14 海外支店や駐在員事務所には日本の税法が及ぶ

事例13のA社のX国駐在員事務所は、その後の日本の税務当局によるA社の税務調査においても、活動内容が調査された。

A社は、駐在員事務所が支払った費用について、現地で証憑書類を整理して記帳した上で、定型の様式によって本社に月次報告させていた。しかし、その報告は本社が決算期末に行う税務調整の確認対象から漏れていた。

その結果、駐在員事務所の費用の中から、交際費となるべき接待飲食費、資産計上すべき事務所の内装工事費用、外部委託業務の成果物未入手による費用の計上時期誤りなどが指摘された。

駐在員事務所に関する注意事項は、外国税務当局による PE 課税ばかりではありません。駐在員事務所や海外支店は日本の本社の一部分なので、そこで生じた損益は、本社の法人税申告に含まれます。したがって、日本税法に基づいた税務調整が必要です。交際費や寄附金等の損金不算入、資産計上すべき費用、減価償却の計算、期間損益の適切な処理など、国内取引に対して普段から行っている税務調整はすべて、要検討項目になります。

実務上、海外拠点からの報告にはそれなりの時間がかかるでしょう。国内で生じた費用の確認とは、内容を確認する事務の流れが違ってくるかも知れません。時として、経理部の目が十分に行き届かないこともあるかと思います。

また、仮に駐在員事務所や海外支店が、海外子会社と現地で同居しているような場合には、費用の区分に関する注意が必要です。家賃や社用の自動車、備品など、共通して使う費用があれば、適切な按分計算が求められます。駐在員事務所や支店と海外子会社は、法人格が異なる他人同士だからです。

さらには、例えば駐在員や支店の社員が海外子会社の業務を手伝う（支援する）場合は、グループ会社間の役務提供に当たります。この場合は、寄附金課税や移転価格課税の観点から、第三者間の適正な役務提供対価の授受が必要になります。このあたりは、税務調査の際に重視されるポイントです。

調査官の視点 ───────────────────→

☑ 駐在員事務所や海外支店は、子会社と違って日本の法人の一部分。すべての取引に日本の税法を適用する！

　駐在員事務所や海外支店は日本の法人と同体なので、そこが行う取引には、日本の税法が適用されます。「外国で変な費用が支払われていないか？」「期末の税務調整の目が届いているか？」などの点は、税務調査における重要なポイントになりますので、適切な説明ができるような準備が大切です。

2 CFC 税制

租税負担割合の罠

> 株式会社 A 社は、X 国に 100％子会社の B 社（現地に工場を持つ製造業で、経済活動基準をすべて満たしている）を有している。B 社の前々期の X 国での申告所得は 100、納税額は 23 だった。
>
> なお、B 社はこの期に投資として保有していた有価証券を売却し、20 の譲渡益があったが、X 国ではキャピタルゲインは非課税なので、申告所得には含まれていない。X 国税率は 23％なので、A 社は CFC 税制を気にしたことはなかった。
>
> しかし、A 社の税務調査において、「B 社の有価証券譲渡益は、合算の対象になるかもしれません」と指摘を受けた。

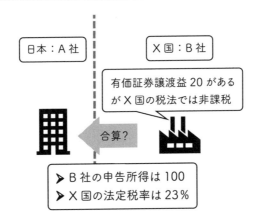

（1）現地国では非課税でも日本で課税になる所得

　X 国の B 社は、CFC 税制上、日本親会社 A 社の外国関係会社になります。そして、現地に工場を有し、事業の管理も現地で行うなど、経済活動基準をすべて満たしているということですので、3 種類ある外国関

【図表41】3種類の外国関係会社

	特定 外国関係会社	対象 外国関係会社	部分対象 外国関係会社
経済活動基準 との関係	実体基準と管理支配基準の両方を満たさない	4つの経済活動基準のいずれか1つでも満たさない	4つの経済活動基準をすべて満たす
合算所得	能動的所得 ＋受動的所得	能動的所得 ＋受動的所得	受動的所得のみ （少額免除あり）
租税負担割合 との関係	30％以上なら適用免除	20％以上なら適用免除	20％以上なら適用免除

係会社のうちの「部分対象外国関係会社」に区分されます（**【図表41】**）。

　部分対象外国関係会社は、原則として受動的所得だけが合算の対象になりますが、租税負担割合が20％以上であれば、それも適用免除になります。X国の一般的な法人税率は23％ですので、一見、受動的所得の合算はしなくていいように見えます。

　しかし、問題の事業年度では、B社が投資用に持っていたX国の有価証券の相場が上昇したことから、これを売却し、20の譲渡益を獲得していました。

　B社の会計上の所得は、製造事業から生じた所得100と、有価証券譲渡益20の合計120でした。しかし、X国の税法では有価証券譲渡益（キャピタルゲイン）が非課税だったので課税所得に含めず、所得100で申告したわけです。

　ところが、有価証券譲渡益は、日本の法人税では課税所得に該当するため、租税負担割合を計算するときの分母には、この20を含めなければなりません。この調整の結果、分母は120（製造業所得100＋有価証券譲渡益20）となり、分子は納税額である23のままですので、租税負担割合は約19.17％（＝23÷120）と20％未満になって、合算の適用免除が受けられないことになってしまいます。

それでもB社は経済活動基準をすべて満たす部分対象外国関係会社なので、製造業から生じる能動的所得は合算にはなりません。しかし、租税負担割合を押し下げてしまった有価証券譲渡益20は、CFC税制で合算される受動的所得に該当しますので（措法66の6⑥四）、この20が合算の対象になってしまいます。調査の指摘は、このような内容のものと考えられます。

　なお、この有価証券譲渡益20の他にも、B社に受動的所得がある場合には、それも合わせて合算になります。

（2）受動的所得が一定額以下なら助け舟あり

　しかし、ここに助け船がいます。外国関係会社の3区分のうち、部分対象外国関係会社にだけは、租税負担割合による適用免除以外にも、「金額による適用免除基準」があるのです。これは分かりやすく、「受動的所得が2,000万円以下、又は所得の金額に占める受動的所得の割合が5％以下」なら合算は行わないという基準です（措法66の6⑩二、三）。事例の「有価証券譲渡益20」と、その他の受動的所得（あれば）の合計額が現実には2,000万円以下であれば、合算にならずに済むということです。

　少額免除と呼ばれますが、受動的所得の2,000万円はかなりの金額です。部分対象外国関係会社に受動的所得が生じていて、租税負担割合が20％未満であっても、この規定で合算が免除になる企業は多いと思います。

　しかし、もし2,000万円をちょっとでも超えていたら、超えた部分の金額ではなく、全額が合算の対象になります。現地でしっかり事業を行っていても、多額の受動的所得が生じた時には、租税負担割合の確認や金額の管理が重要です。

☑ 合算課税は、租税負担割合で 30 ％と 20 ％が境目になる。子会社所在地国の税率がこの境目あたりにある場合には特に注意して調査する！

☑ 所在地国の税制と日本の税制の違いによって、租税負担割合が変わる！ 現地国に申告した内容と日本の税法との違いをよく調査する！

　事例の A 社は、子会社 B 社がある X 国の一般的な法人税率が 23 ％だったので、「現地でしっかり事業をしているから経済活動基準を満たしているし、現地国の税率も 20 ％以上だから、CFC 税制は関係ないだろう」と思い込んでいました。

　税法には、割合や金額による要件や線引きがよく出てきます。当然ですが、税務調査では、こういう部分がしっかり確認されます。

　また、外資を誘致しようとする多くの国が優遇税制を持っており、新設法人や特定の種類の事業に対して、租税が軽減されることがあります。その国の一般的な法人税率が 25 ％や 35 ％だったとしても、優遇税制が適用されると、結果的にその年度の租税負担割合が低くなり、20 ％や 30 ％（令和 6 年 4 月 1 日以後は、30 ％は 27 ％に改正）を下回る場合も生じます。この点は、現地国の申告書の課税所得と納税額から、租税負担割合を計算すればはっきり分かります。

　なお、合算課税は事業年度ごとに判定します。ですから、「昨年度までは適用免除で合算はなかったが、今年度は合算になる」というケースも普通に生じます。「あの国の税率は△％だから大丈夫」と思い込み過ぎず、子会社の年度毎の事業内容や申告内容の変化や、それに伴う租税負担割合の変化などを、毎年度丁寧に検討することが大事です。

事例16 管理支配がテレワークではだめですか？

　株式会社A社（機械部品の製造業）は、得意先のアジア工場からの受注の便宜上、アジアのX国（税率17％）に100％子会社B社（会社の状況は【図表42】参照）を設立した。B社の業務は、得意先のアジア工場から受けた注文内容をチェックしてA社に発注する定型的なものである。

　B社にはA社からの仕入と得意先への売上が生じるが、商品はA社から顧客のアジア工場に直接発送される。B社の年間売上は数億円で、毎年一定の利益が上がっている。なお、売上はすべて第三者に対するものである。

　B社はX国に実体があるため、CFC税制の対象にならないとA社は考えていた。しかし税務調査において、「B社は管理支配基準を満たしていないので、会社単位での所得の合算が必要と考えられる」という指摘を受けた。

日本：A社　　　X国：B社

得意先からの注文を発注

ウェブで
指示・報告等

従業員J

➤ 経営判断はA社の代表取締役が
　 行い、日常業務の指示や報告受
　 領はA社社員がウェブで行う

【図表 42】B 社の事業の状況

事務所の施設	他人と共同使用のシェアオフィス内の机 1 つだけ。
役員（2 名）	・代表取締役 K：親会社 A 社の役員と兼務、通常は日本で勤務している。 ・取締役 L：X 国居住者で、X 国の事務代行会社の社員。他にも多数の会社の名目的な役員に就任しており、B 社の経営や日常の事務には全く携わっていない。
従業員（1 名）	事務代行会社が手配した従業員 J（現地採用）が X 国内で事務に従事している。
業務管理等の状況	従業員 J に対する管理監督・指示・打合せ等は、代表取締役 K や A 社の受注担当社員が、日本からウェブ会議システムで行う。取締役 L と連絡することはない。
株主総会等	株主総会、役員会はウェブで開催し、代表取締役 K は日本で参加する。会の進行は日本で行い、議事録等は日本で作成する。
決算書類	従業員 J が作成した請求書や領収書、会計記録等を基に A 社が作成。

（1）小さくても事務所……実体基準

　B 社が 4 つの経済活動基準（【図表 29】106 ページ）を満たすかどうかの検討です。まず、B 社の業務は卸売業と考えられますので、「事業基準」はクリアです。また、卸売業の場合は「非関連者基準」を使いますが、売上がすべて第三者に対するものなので、クリアしています。

　問題は、B 社の実態が「実体基準」と「管理支配基準」をクリアするか否かです。実体基準については、卸売業ですので、受発注業務が行える事務所があればいいと考えられます。しかし、事例では机 1 つだけのスペースで、しかも個室ではなく、他の利用者もいる大部屋（シェアオフィス）の一部分です。これで大丈夫でしょうか？

　事務所といっても、業種・業態や活動内容に応じて、必要な規模や設備は当然異なります。業務が単純で取引規模も小さい場合には、「机 1 つ・電話 1 本」のコンパクトな事務所でも、実体は認められると思われます。そのような裁判例（東京高裁平成 25 年 5 月 29 日、裁判所ホームページ）もあります。しかし、事業規模に比べて事務所が小さ過ぎる

（＝主要な事務の過半を日本など X 国外の別の事務所で行わざるを得ない）ような場合には、基準を満たさない可能性も出てくると考えられます。

（2）自分のことは自分で決めています……管理支配基準

　管理支配基準は、外国関係会社がその本店所在地国で、事業の管理・支配・運営を自ら行っているかどうかを見るものです。言い換えれば、そのための機能が現地子会社に備わっており、それが現地で実際にワークしているかどうかを見るテストです。

　判定は、①株主総会及び取締役会等の開催、②事業計画の策定等、③役員等の職務執行、④会計帳簿の作成及び保管等が行われている場所、⑤その他の状況等を総合的に勘案して行います（措通 66 の 6-8）。これらを判定する根拠は事実関係とその解釈ですので、納税者と税務当局の間で意見が分かれることも多いポイントです。

（3）リモート経営では基準クリアにならない？

　事例の B 社が小さいながらも実体基準を満たすなら、残る問題は管理支配基準です。現地には名目的な取締役 L と現地採用の従業員 J がいますが、日々の業務指示や打合せ、そして株主総会や役員会も、日本にいる親会社 A 社の代表取締役 K や担当社員との間で、ウェブ会議で行われています。ウェブは昨今便利なツールですが、ここが指摘の大きなポイントです。

　子会社が親会社に重要事項の判断や決裁を求めること自体は、十分に合理性のある行為です。問題は、重要な事業計画の策定や、親会社決裁後の事業遂行などを、子会社自身が現地で主体的・主導的に行っているかどうかです。

　現地で従業員 J が日常業務を遂行していることと、上記（2）の①～④（管理支配基準の判定項目）が現地で行われているかどうかは、別の

話です。ウェブ会議システムで現地従業員Jを指揮監督していても、事業全体を管理支配している場所は日本と判定されたのでしょう。現地在住の取締役Lが完全に形式的な立場であることも、判定の大きな要素と思われます。税務当局は、責任ある役員が現地で経営に携わることや、それに対する報酬が支払われていることなどを、重要な判断材料にしています。

なお、コロナ禍で現地駐在の役員が日本に長期帰国し、やむを得ず不在となるケースもあるでしょう。これは極めて特殊な状況ですので、それこそ総合勘案という中で、十分考慮されるべき事項だと考えます。

（4）テレビ会議ではだめな場合も

株主総会や取締役会での「テレビ会議システム」の利用と管理支配基準の判定については、経済産業省が国税庁に照会した内容が、経済産業省のホームページで公表されています（経済産業省「外国子会社合算税制の適用除外基準である管理支配基準の判定（株主総会等のテレビ会議システム等の活用について）」）。

これによれば、テレビ会議システムの参加者がいても、「会自体が子会社の国で開催されたものと同様と認められる状況」であればよいとされています。

しかしこの照会では、現地で現実に経営に携わっている役員が会議を主催することや、開催準備や議事録作成が現地で行われること等が質問の前提になっています。現実的には、このハードルが高いかもしれません。役員が会議に参加してさえいればいいということではありません。

（5）資料が提示できないと否定的に推定される

税務調査では、経済活動基準の判定に当たり、調査官は期間を定めて、判定に必要な書類や資料の提示・提出を求めることができます。そして、これらの資料が提示等されない場合は、「基準を満たさない」と

ネガティブに推定できることになっています（措法66の6③④）。

　平成29年度改正で導入された、納税者側の説明責任を強化する規定です。外国関係会社の実態を説明するための資料や記録の事前準備が、いっそう重要になってきています。

調査官の視点

☑ 管理支配基準は、複数の事実関係を総合的に勘案して判定する。全くのペーパー・カンパニーではなくとも、現地での管理支配の実態をしっかり調査！

☑ 判定に必要な書類等が提示されなければ、基準を満たさないと推定できる！

　管理支配基準の判定では、「総合的に勘案の上で行う」（措通66の6-8）という部分が曲者です。この言葉は、経済活動基準の事業基準を適用する場合の「主たる事業」の判定でも登場しています（措通66の6-5）。

　総合勘案は、各種の個別事情を考慮に入れる、ある意味で情に厚い判定方法だとは思いますが、主観も入り込みますので、意見の不一致を招きやすい方法でもあります。判定の決め手を欠く場合には、肯定と否定どちらの側にとっても、拠り所にできる言葉になるでしょう。したがって、主張したい内容の根拠となる事実を多く積み重ねて、資料にしておくことが大事になります。

　さらに、合算課税は事業年度ごとに判定しますので、子会社の事業内容の変化や人事異動の状況を反映しつつ、毎年、総合勘案を繰り返すことになります。「この年は管理支配基準を満たしているが、別の年は満たしていない」ということもあり得ます。

株式会社P社（機械部品の製造業）は、東南アジアのX国（税率17%）に子会社S社（80%出資）を有している。S社株式の残り20%は、株式会社Q社が出資している。P社とQ社には資本関係等はないが、Q社がX国に100%出資で保有する製造子会社R社は、P社製の部品をS社から仕入れている。

S社の事業はP社がコントロールしており、Q社は出資をしているだけで経営にはタッチしていない。

ある日突然、税務当局からQ社に対して、「S社が経済活動基準の1つを満たしておらず、対象外国関係会社になる。Q社の持分に応じたS社の所得がQ社に合算課税となるので、修正申告を提出してほしい」という連絡があった。

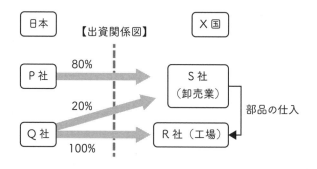

（1）税務当局からの突然の連絡

事業上の関係からマイナー出資をしているだけで、S社の経営にはノータッチだったQ社にとって、税務当局からの連絡は青天の霹靂でした。しかしS社は、日本からの出資（P社＋Q社）が合計100%（50%超）ですので、P社・Q社の両方にとって、外国関係会社に該当します（ちなみにR社はQ社だけの外国関係会社です。Q社はR社にも、CFC税制上の注意が必要です）。

しかも、X国の税率は17％と低いので、仮にS社が経済活動基準のすべてを満たしている「部分対象外国関係会社」だったとしても、受動的所得だけは合算課税になる状況でした。

　しかし、部分対象外国関係会社であれば、受動的所得が年間2,000万円以下なら合算は免除になりますので（措法66の6⑩二）、これまでは合算の必要がなかったのかもしれません。

（2）P社の税務調査の結果がQ社に飛び火

　Q社に連絡がある前に、P社の税務調査があったのでしょう。X国の子会社S社が、経済活動基準の少なくとも1つを満たさなかったので、対象外国関係会社と判定されました。その上で、S社の租税負担割合が20％未満なので、P社の所得の全額が合算対象になったのです。

　ここで、P社は単独の親会社ではなく80％出資ですので、P社に合算になるべきS社の所得も、全部ではなく80％です。一方、Q社もS社に20％出資していますので、S社の所得の残り20％はQ社に合算になります。P社の税務調査の結果によって、Q社の課税所得も増加することになってしまったわけです。

（3）10％未満の出資なら合算しなくてもよかったが

　ここでもし、Q社の出資が10％未満であったら、P社の税務調査によってS社が合算の対象になったとしても、Q社には合算課税の納税義務は生じませんでした。

　その所得が合算の対象になる外国関係会社に対して、日本からの出資者が複数いる場合は、剰余金の配当等を請求できる持株の割合によって、合算額が割り振られますが、その対象になる出資者は、「直接・間接に10％以上を保有する者」です（措法66の6①各号）。出資が10％未満であれば、合算課税はありません。

　例えば、外国法人D社に対して、日本法人E・F・G社がそれぞれ

30％・15％・7％出資し、現地国の第三者が残りを出資しているとします。日本出資の合計は52％ですので、D社はE・F・G社いずれの法人にとっても外国関係会社となります。

　しかし、もしD社の所得100が合算対象になった場合、E社は30、F社は15の合算となりますが、G社は出資が10％未満ですので、合算しなくて済むことになります。

┌─ **調査官の視点** ──────────────────────→

☑ 外国関係会社への出資割合が10％以上あれば、それがマイナー出資で、その会社の事業を管理していなくとも、合算課税が生じることがある！

　単独で100％出資している海外子会社であれば、外国関係会社の該当性や、所得を合算する先は至って明確です。その場合は、CFC税制のリスクの検討は、外国関係会社の経済活動基準と租税負担割合に絞られます。

　しかし、外国法人への出資者が複数いると、日本からの出資合計が50％超か、間接出資の割合計算は正しいかなど、要注意のポイントが急に増えてきます。特にマイナー出資で、出資先の事業状況を把握しにくい場合などは、思わぬリスクが潜んでいます。自分がコントロールしていない外国関係会社であっても、10％以上出資していれば合算課税が生じることがあるので、注意が必要です。

身内とばかり取引していては一人前ではない

　事例 17 の P 社の税務調査においては、X 国の子会社 S 社の事業内容が調査された。

　それによると、S 社は親会社の P 社が製造する機械部品を仕入れ、X 国の顧客（第三者）に販売するほか、Q 社の X 国子会社である R 社にも販売しており、R 社への販売取扱金額は、年々増加している。

　S 社は、経済活動基準のうち事業基準、実体基準、管理支配基準をクリアしている。調査官からは、「S 社の 2020 年の取引が、主として非関連者との間で行われておらず、非関連者基準を満たさないので、S 社の所得が合算課税になる」という指摘があった。

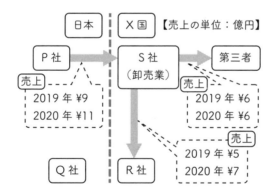

（1）どちらの基準を使うかで結果が大きく変わる

　非関連者基準は所在地国基準とセットになっており、外国関係会社の業種によってどちらかを適用します（措法 66 の 6 ②三ハ(1)(2)）。S 社は卸売業という前提ですので、非関連者基準が適用されます。

　しかし、この 2 つの基準の中身は相当違うので、どちらが適用になるかによって、クリアできるか否かが違ってくる場合もあるでしょう。基準が 1 つクリアできるかできないかで、合算になるのがすべての所

得か、受動的所得（2,000万円までは適用免除）だけでいいかが変わってきますので、大ごとです。実際に、外国関係会社の業種の判定を巡って争った裁判もかなりありました。

　非関連者基準の対象業種は卸売業の他に、銀行、信託、金融商品取引、保険、水運、航空運送、航空機貸付の各業です。事業の性質から国際的な取引が多くなりやすい業種ですので、もし身内とばかり取引しているだけなら、あえて軽課税国で事業を行う経済的合理性はない、という考え方です。

　卸売業がこの基準をクリアするためには、「棚卸資産の仕入又は売上の少なくともどちらか一方で、関連者以外の者（非関連者）との取引金額が50％を超えること」が必要です（措令39の14の3㉘一）。合算の要否は事業年度ごとに判定しますので、この計算は毎年見直さなければなりません。

（2）私は関連者ですか？

　「関連者」とは誰のことかについては、非常に細かな規定（措令39の14の3㉗一〜六）がありますが、主なものとしては、①その外国関係会社に10％以上を出資している内国法人や、②それらの内国法人が支配している他の法人、などです。この①は、合算課税の申告義務がある出資者と同じ基準です（**事例17**参照）。また、②は①に該当する法人が支配している他の法人です。

　これを事例のS社に当てはめると、日本からの出資者であるP社（80％出資）とQ社（20％出資）は①に該当し、Q社が支配しているX国のR社は②に該当します。つまり、P社・Q社・R社はすべて、S社の関連者になるということです。

（3）自分の子会社との取引が増えていたのが原因

　S社の仕入を見ますと、2019年も2020年もすべて親会社のP社から

です。関連者取引 100 ％ですので、仕入の観点からは非関連者基準を
クリアできません。では、売上はどうでしょうか。2019 年は第三者（非
関連者）売上が 6 億円、関連者の R 社への売上が 5 億円の合計 11 億円
で、非関連者への売上の割合が約 54.5 ％（＝6 億円÷11 億円）と 50 ％
を超えていますから、基準をクリアしています。

　問題は 2020 年です。非関連者への売上は 6 億円と変わっていません
が、R 社（関連者）への売上が 5 億円から 7 億円に増加しています。そ
の結果、非関連者売上の割合が約 46.2 ％（＝6 億円÷13 億円）に減少
して、仕入でも売上でも、非関連者取引 50 ％超を達成できていませ
ん。調査官の指摘は、この部分です。

　Q 社の子会社 R 社と S 社の取引が増加したことが、結果的に P 社の
合算課税（**事例 18**）と、Q 社の合算課税（**事例 17**）を引き起こす原因
になっていました。

調査官の視点　————————————————————————→

☑　取引相手や取引金額は毎年変わる！
　　非関連者基準では、取引相手が関連者になるか否かと取引金額
　　の割合を、事業年度ごとにしっかり確認する！

　非関連者基準の対象業種の中で、最も多いのは卸売業でしょう。経済
産業省の「海外事業活動基本調査（2020 年度実績)」によりますと、日
本企業の現地法人数 25,703（有効回答数）のうち、卸売業は 7,356 で 3
割弱を占めています。

　出資や取引割合の計算に使われる「50 ％超」などの数値基準は、実
績が境界線の近くにある場合は、税務調査で特によく確認されるポイン
トになっています。

さらに、ここでは触れていませんが、数値基準をクリアするための抜け穴（例えば、株式等の分散保有や第三者を介在させた迂回取引など）は、近年の税制改正で相当塞がれてきています。

　CFC 税制の制度や申告実務は、年々難しくなってきていますが、軽課税国に子会社を持つ場合には最低限、経済活動基準に沿った形で「その国に子会社を置く経済的な合理性」を説明できることが基本になります。

3 移転価格税制

事例 19 親が子の面倒を見るのは当たり前ではない

　株式会社P社（機械部品の製造業）は、X国に100％出資の製造子会社S社を有している。S社はP社から部品を仕入れ、X国で組み立てて現地の顧客に販売している。

　親会社のP社は、人員が十分ではない子会社S社の業務を効率化するため、【図表43】記載の業務をS社に対して行っているが、対価を受領していなかった。

　しかし、P社の税務調査において、移転価格課税の観点から、これらの業務の適正な対価を算定し、S社から回収（収益計上）すべきであると指摘された。

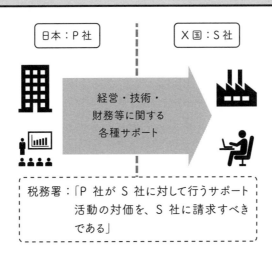

【図表43】P社がS社に対して行っているサポート活動

a	S社の販売先に関する信用リスクの調査・管理
b	S社の予算管理、帳簿と財務諸表の作成、決算の支援
c	P社・S社間の受発注管理システムの構築・維持
d	現地採用のS社幹部社員の日本における業務研修

(1) 簡易TP調査は中堅企業にも来る

いわゆる簡易な移転価格調査の事例です。本格的な移転価格調査は、国外関連者との間で本業や無形資産に係る相当多額の取引がある、大規模法人が対象になることが多いと思います。しかし簡易TP調査は、一般的な法人税調査の一部分として、比較的短い時間で行われることが多く、中堅企業でも普通に行われるものです。

簡易TP調査のターゲットは、企業グループの本来の事業そのものの取引ではなく、企業グループ内で行われる役務提供取引（Intra-Group Service：IGS）であって、さらに相手への業務支援的な性質を有する事務（以下「低付加価値IGS」といいます）です。低付加価値IGSにも移転価格税制が適用されますが、税法には細かい定めはありません。国税庁ホームページで公表されている「移転価格事務運営要領」に、低付加価値IGSの課税に関する国税庁の執行方針が示されています。

P社は、主にS社の内部事務をサポートしていました。これらの専門的な事務を任せられる社員をS社が自前で雇用するより、P社自身の担当部署でまとめて行う方が効率的だからです。このような業務の効率化は、多くの企業で行われていると思います。

P社としては、規模がそれ程大きくない子会社の面倒を見るのは、親会社として当たり前という思いがありました。しかし調査では、P社のサポートは、S社から対価を回収する必要があると指摘されました。

（2）相手が他人だったらタダでしてあげますか？

　低付加価値 IGS の課税の検討は、まず国外関連者に対する経営、技術、財務、営業上の活動その他の活動が、対価を回収すべき役務提供に該当するか否かの判断から始めます。判断基準は、「その活動が、国外関連者にとって経済的又は商業的価値を有するものか否か」です（要領3-10(1)）。

　言い換えれば、「そのサポートがなければ、同じことを相手が自分でやらなければならないか」、又は「第三者から同様のサポートを受けたら、対価を支払うものか」で判断するということです。要領には、低付加価値 IGS の候補として、11種類が例示されています。「企画又は調整」、「従業員の管理に関する事務」など、そんなものまで？と思うものもありますが、候補となっています。

　また、親会社が株主の立場から法令に従って行う事務等は、低付加価値 IGS に該当しないとされています（要領3-10(3)）。しかし、その範囲はかなり限定的で、多くの子会社サポート活動は低付加価値 IGS に該当すると考えられます。

（3）簡便法といいながらも結構な手間がかかる

　【図表43】のP社のサポートはいずれも、低付加価値 IGS に該当すると思われます。移転価格税制の原則では、役務の提供者が回収すべき対価（つまり独立企業間価格：ALP）は、法定の方法によって算定しなければなりません。

　しかし、低付加価値 IGS に関しては、ALP の算定上、法定の本格的な方法に代えて、いわゆる簡便法を選択することができることになっています。提供した役務の総原価を基準にして5％のマークアップをするか、一定の場合（事業活動の重要部分に関連しない役務）については総原価そのものを ALP とする方法です（要領3-11(1)(2)(3)）。

　グループ内で行う、本業の重要部分に関連しない事務支援的な役務提

供については、利益を乗せた価格ではなくかかった原価だけを回収すればいいという考え方です。コスト・カバーなどと呼ばれます。

簡便法を使う上での重要な点は、総原価には間接費も含めなければならないということです。

例えば、【図表43】cの「受発注管理システムの構築・維持」では、システム構築やメンテナンス費用などの直接費に加えて、それを行うP社の担当社員の所属部署で発生する一般管理費も、総原価に含まれます。そして、直接費・間接費の総額を、そのシステムを共用するP社とS社の間で、合理的な基準を用いて按分し、S社に配賦された金額（システムに係る負担額）を、P社からS社へのサポート対価として回収することになります。事例においては、当初申告の段階からこのような税務処理ができていれば、理想的でした。

調査官の視点 ━━━━━━━━━━━━━━━━━━━━→

- ☑ 親は子の世話をするもの。しかし、その世話が子にとって経済的価値があるものなら、最低限その原価は子から回収してもらう！

このように見てくると、低付加価値IGSに対する簡易TP調査とは、随分細かい話だなと思われるかもしれません。しかし、小さな海外子会社を1社持っているだけでも、このような指摘はあり得るのです。税務上のソーシャルディスタンスは、特に国境をまたぐ親子間では、相当ドライに考えなければなりません。

とはいえ、総原価にどこまでの間接費を含めるかなどの計算は、細かく考えればきりがなく、唯一の正解があるわけでもありませんので、税務当局との間に意見の相違が起こりやすい点です。

また、回収すべき対価をしっかり計算した結果、それほど多額にならない場合もあるでしょう。計算や申告に係る事務負担と、回収すべき対価とのバランス（金額的な重要性）も考えどころです。

　対策としては、まず国外関連者に対して行った低付加価値 IGS 等を見逃さないことです。次に、その総原価の集計や按分を行う際の「自社の計算方法」を事前に決めておき、それに従って統一的に計算する（取引ごとに恣意性が入り込まない）ことが有効です。計算方法に透明性があり、文書化され、あるいは子会社と契約が結ばれている等の状況があれば、調査の際の説得力が非常に大きくなります。

　なお、文中で示した「移転価格事務運営要領」は、国税庁が職員に対して「調査のときにはこう考えること」と示している指針です。OECD が公表している移転価格のガイドラインに合致した内容になっており、世界標準の考え方ですので、納税者側のチェックポイントとしても非常に有効に使えます。

事例20 困った時には親が来てくれる。有料で。

　株式会社Ｐ社（機械部品の製造業）は、Ｘ国に100％出資の子会社Ｓ社（製造業）を有している。Ｓ社は新型製造設備を導入したが、操作に不慣れなため、Ｐ社は自社の技術者を2週間出張させ、Ｓ社社員に対して設備の据付け・調整・運転・保守等の技術を指導した。指導の対価に関する事前の取決め等はなく、Ｐ社は請求もしていない。

　また、次の年度にも同様のＳ社に対する技術指導の必要が生じたが、世界的な新型コロナウイルス感染症の拡大により、当分の間、海外出張がまったくできない状況だった。

　そこで、Ｐ社はＳ社への技術者派遣に代えて、Webを通じたリモート会議の形式で、Ｓ社の社員に対して、技術指導を実施した。

　その後の税務調査でＰ社は、移転価格の観点から、Ｓ社への技術サポートの対価を収益計上すべきであると指摘された。

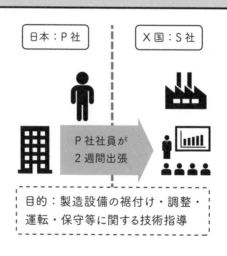

日本：Ｐ社 / Ｘ国：Ｓ社

Ｐ社社員が
2週間出張

目的：製造設備の裾付け・調整・
運転・保守等に関する技術指導

日本：P社　　　X国：S社

P社社員の出張なし

Web会議システムを使用し技術指導

（1）海外子会社へのサポートには対価が必要

　P社は、国外関連者のS社がP社でも使っている新型設備を導入したことから、自社の技術者をS社に2週間出張させて、操作方法等の技術指導（役務提供）を行いました。海外子会社をサポートするための海外出張は、親会社としてはよくあることと思います。

　この技術指導は、S社にとって経済的な価値があるものと認められますので、移転価格税制の対象になるIGSに該当します（要領3-10）。そうすると、税務上は、P社には独立企業間価格（ALP）に相当する対価をS社から回収（収益計上）する必要が生じてきます。

　この対価はALPである必要があり、それは通常なら移転価格税制の法定の方法（独立価格比準法や原価基準法などの手間のかかる方法）で算定することになります。しかし、低付加価値IGSの場合は、取引の内容によって役務提供に係る総原価の105％相当額、又は総原価の額そのものをALPとする簡便法を選択することができます。

　事例の技術指導は、P社グループの本来業務（機械部品の製造販売）ではなく、「本来業務に付随して行われる役務提供（要領3-11(2)）」に該当する、低付加価値IGSと考えられます。したがって、役務提供（出張指導）の総原価の額を以てALPとすることができます。税務調査による是正でも、多くは簡便法が使われます。

なお、海外出張の総原価とは、直接発生する出張者の旅費や日当・宿泊料ばかりではありません。それに加えて、出張者に係る年間の直接費（給与や法定福利費等）と間接費（出張者の所属部署で発生する一般管理費等）を合計し、それを合理的な配賦基準（例えば「出張日数／365日」など）で按分した金額も含みます。細かい計算がどこまで必要かについては、税務当局と意見が分かれることも多い点です。注意点は、**事例19**と同様になります。

（2）同じことをリモートで行ったら？

　P社は、次の年も同様の出張指導を行う必要が生じましたが、世界的な感染症の流行のために海外出張ができませんでした。そこで、テレビ会議システムを使い、製造設備や操作方法をWebカメラで映しながら、日本からリモートでS社の社員に対する技術指導を行いました。出張に比べて丁寧な指導はできませんでしたが、少なくとも旅費や日当、宿泊費等の支出が不要になったので、結果的に非常に安上がりでした。

　しかし、直接的な費用の支払がなくとも、IGSに対する移転価格課税の考え方は変わりません。実際に海外出張をしていなくとも、少なくとも簡便法を使って、リモート指導のためにP社側でかかった総原価をALPとして、S社から回収する必要があります。総原価の計算の考え方は、上記（1）と同様です。

　この場合、旅費等がかかっておらず、リモート指導も短時間であれば、総原価は非常に少額になるかも知れません。しかし、S社に対して同様の低付加価値IGSを他にも行っていれば、回収の要否は年間の合計額で検討されますので、1回分が少額であっても注意が必要です。

（3）寄附金課税とどう違うのか

　実務では、事例のような単発的な役務提供は、低付加価値IGSでは

なく寄附金の問題として指摘される場合もあり得ます。

　寄附金と移転価格は異なる税制です。寄附金課税の場合は、前提として、当事者間に「贈与する意思と、贈与される認識」の存在が必要と考えますが、取引の状況や事実認定によっては、どちらの税制の適用も可能になるケースが生じることもあります。

　国外関連者に対する寄附金は全額損金不算入ですから、寄附金課税の場合、基準となる時価を総原価で計算する限り、移転価格課税との金額的な違いはありません（もし時価とALPの額が異なれば、その差額だけ損金不算入額の相違は生じます）。

　ただし、課税を受けた後の取扱いは、両者で異なる部分があります（【図表44】）。移転価格課税の場合は、取引相手との間で生じる国際的な二重課税を回避するための相互協議を申し立てることができることと、更正処分の期間制限（除斥期間）が長いということです。特に相互協議で二重課税を解消できれば、日本の追徴課税を帳消しにするくらいの大きなメリットがあります。

　しかし、相互協議にかかる時間や費用と、協議が成立した場合に還付される外国の税金（相互協議が成立しない場合もあります）との比較も、現実的な考えどころです。相互協議は2か国の税務当局に対応を求める、時間と手間がかかる大きなアクションですので、二重課税の額が小さい場合などは、使い勝手（コスパ）が悪い面もあります。

【図表44】移転価格と寄附金の課税上の相違点

制度	課税所得	更正の期間制限	二重課税の排除
移転価格税制	ALPと対価の差額	7年（措法66の4⑳）	相互協議で合意できれば、日本の収益計上額を相手国で費用にできる（排除可）
寄附金の損金不算入	時価と対価の差額	5年（通法70①）	相手国での申告に影響なし（排除不可）

☑ 海外子会社へのサポートのための出張は、目的と当事者間の対価の認識を確かめる！

☑ 海外出張は海外事業を調査する入口。出張先で何をしたか、よく確認する！

　海外子会社への出張サポートが低付加価値 IGS に該当するケースは、税務調査で指摘されやすい事項です。

　さらに、社員の海外出張は、IGS に限らず海外取引全般を調査する上で、重要な切り口になります。税務調査で出張の実績や現地での業務内容を聞かれることも多いでしょう。例えば、同じような海外子会社に対する役務提供でも、実際に海外出張のあった場合となかった場合では、前者の方が税務調査で注目されやすいでしょうし、回収すべき対価（ALP）の額も大きくなります。

　移転価格か寄附金かという話以前に、調査で指摘されないことが一番です。対策としては、海外出張で実施する子会社等へのサポート活動（IGS）を経理や税務の担当部署が見逃さないこと、そして対価を回収するルールを社内で作っておくことです。普段から客観的で恣意性が入らない税務処理がなされていれば、仮にその回収額が ALP や時価より少々低額だったとしても、その差額を否認されることを防ぐ効果や説得力が、非常に大きくなると考えられます。

4 税務当局の資料情報の活用

事例 21 調査官は来る前から知っていた

　株式会社Ａ社は、中国のＢ社から製品の原材料を継続的に仕入れている。Ｂ社はＡ社から受領した代金の中からリベートを支払い、香港法人Ｃ社の銀行口座に送金している。Ａ社はこれを記帳していなかった。

　Ｃ社はＡ社の社長であるＰ氏が全額出資する、現地に実体のない会社である。口座の資金のほとんどは香港の証券市場に投資され、利子・配当等の利益も香港の銀行口座に蓄積されていた。

　Ａ社の税務調査に来た調査官は、Ｃ社口座の存在と残高、Ｐ社長が株主であること、利子や配当の入金があること等を知っており、綿密な調査が行われた。

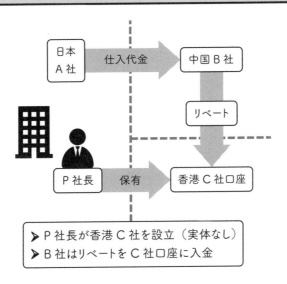

➤ Ｐ社長が香港Ｃ社を設立（実体なし）
➤ Ｂ社はリベートをＣ社口座に入金

（1）CRS 情報でわかる

　A 社に来た調査官は、調査を始める前から、香港の C 社口座の存在を知っていました。税務当局は、この情報を CRS 情報及び国外送金等調書から把握できるのです。

　まず、軽課税地域の代表のような香港も、CRS 情報の交換に参加しています。香港は、P 氏のような自国の非居住者の預金や証券会社の口座を香港の金融機関から収集し、その者の居住地国（P 氏であれば日本）に、自動的に送ってきます。日本側でも同じように、香港の居住者が日本の金融機関に持っている金融資産の情報を、香港に提供しています。

　CRS 情報は、香港の口座が P 氏の個人名義であれば、P 氏の居住地国である日本に送られます。さらに、口座が香港法人名義であっても、その法人が「投資関連の収入や資産が 50 ％以上を占める法人」で、その実質的な支配者が香港の非居住者である場合にも、支配者（P 氏）の居住地国（日本）に、CRS 情報が送られることになっています。

　これは、CRS 情報の収集と提供が個人口座だけを対象にしていては、「外国に形式的に法人を設立し、その口座に資金を移して投資で儲ける」という抜け穴が生じるので、それを防ぐための仕組みです。

　実質的支配者とは、原則として法人の 25 ％以上の議決権等を直接・間接に支配する自然人をいいます。P 社長が全額出資する香港 C 社が、このようなケースに該当したことから、C 社の口座情報が香港の税務当局から P 社長の居住地国である日本に提供されていたと思われます。CRS に基づく情報交換で提供される情報とは、その口座の持主の氏名や住所、金融口座の年末残高、金融資産から生じる年間の投資収入などです。

（2）国外送金等調書でもわかる

　CRS 情報が租税条約に基づいて交換されるのに対して、国外送金等調書は日本の法律に基づく情報収集制度です。日本と外国の間で資金の

送受金があった場合に、それを行った金融機関が作成して、税務当局に提出します。

事例では、もし香港のC社口座と日本のP氏との間で1回に100万円を超える資金の送受金があれば、それが調書という形で情報化されます。事例では送受金があったかどうかは分かりませんが、仮にC社口座からP社長の日本の金融機関の口座あてに銀行送金があったとすれば、その金額と送金元の銀行名、口座番号等が税務当局に情報として提供されることになります。

```
┌─ 調査官の視点 ──────────────────────→

  ☑  国境を越える資金・資産の移動や国外保有の情報は強い武器！

  ☑  調査では、資料情報と実際の取引を単に照合するだけではな
     く、そこからさらに派生する問題を想定して検討する！

  ☑  複数の資料情報があれば、それらの関連性をしっかり検討す
     る！
```

外国税務当局から、あるいは支払者や金融機関から調書という形で入手する多くの情報が、税務調査で積極的に使われています。

しかし、情報が一連の取引の一部分でしかない場合もあるでしょう。仮に、情報によって税務処理のミスが分かったとしても、調査官にとってはそれを是正して終わりではなく、まだ先があります。例えばCRS情報で海外預金口座の利息の計上漏れが判明すれば、その次の段階として、「では、その口座の資金はそもそもどこから来たものか」が調査の対象になるでしょう。

脱税ではなくとも、例えば会社の資金が一時的に、会社名義以外の（例えば社員名の）預金口座にストックされていた等のケースがあるか

も知れません。そして、税務当局はそのような取引の情報を持っていて、調査に来る前から怪しいと考えているかもしれません。

　また、外国の取引先が現地税務当局の調査を受けて、「日本の会社に費用を支払っているが、本当か？それは何の対価か？」という情報の提供を、租税条約に基づいて日本が要請される場合もあります。その場合は、日本の調査官が費用を受け取った会社に実際に行って取引内容を調べ、要請してきた国に情報を送るのです。もし、調査に行った日本の会社側で収入に計上されていなければ、外国の取引先の架空経費かもしれません。しかし日本の税務当局は、その逆（本当は受領していて、収入に計上すべきものなのに計上していない）という可能性を考えるかもしれません。

　無用の誤解を招かないためにも、取引の記録や記帳を明確にし、関係書類をしっかり保存して、税務調査の場面では明確に回答できるようにしておくことが重要になります。

Ⅲ 海外取引と消費税の事例

1 輸入消費税

事例22 輸入手続は自分でやらないと仕入税額控除できない

　株式会社A社は、X国B社から商品を輸入して国内で販売している。輸入手続は事務代行専門会社C社に委託しており、C社は自社を輸入者として税関に輸入申告し、輸入許可書もC社名で交付されている。C社からの請求書には、代行手数料の他に輸入消費税の実額が含まれており、A社はこれを支払い、仕入税額控除の対象としていた。

　しかし、A社は税務調査で、「輸入消費税相当額は、仕入税額控除の対象とならない」と指摘を受けた。なお、税務署が調べたところ、C社は自社の消費税申告上、A社への請求の全額を課税売上げとした上で、この輸入消費税額を仕入税額控除の対象としていた。

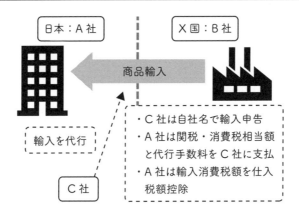

日本：A社　　　　　　X国：B社

商品輸入

輸入を代行

C社

・C社は自社名で輸入申告
・A社は関税・消費税相当額と代行手数料をC社に支払
・A社は輸入消費税額を仕入税額控除

（1）輸入申告をした者が輸入消費税の納税義務者

　税関での輸入手続は専門的なので、慣れていなければ、通関業者などに委託することも多いと思われます。事例では、実際にはＡ社が輸入の主人公なのですが、手続上はＣ社が自社名義で、輸入に関するすべての手続を行っています。

　輸入消費税では納税義務者も、また輸入消費税を仕入税額控除できる課税事業者も、「その貨物を保税地域から引き取る者」です（消法30①三）。引き取る者は税関に申告をしなければなりませんので（消法47）、引取者とは輸入申告をした者、すなわちＣ社になります。

（2）輸入消費税は形式を重んじる

　Ｃ社は単なる名義人ではありますが、輸入申告、納税、輸入許可はすべてＣ社名で行われています。したがって、Ａ社がＣ社からの実費の請求を通して輸入消費税相当額を実質的に負担していたとしても、Ａ社は納税義務者ではなく、国に納税していませんので、仕入税額控除ができる余地がありません。

　これに対してＣ社は、輸入代行手数料などを課税売上げとして申告する一方、納税義務者として納税した輸入消費税を仕入税額控除することが可能です。もしＡ社でも仕入税額控除してしまうと、ひとつの納税をＡ・Ｃ両社で二重に控除してしまうことになります。この問題は、取引の実態どおりＡ社を輸入申告者として、Ｃ社が手続だけを代行する形であれば、生じないものでした。

（3）商流が違えば課税も違った

　事例では、例えば「Ｃ社が輸入して、それをＡ社が仕入れる（Ｃ社への支払に普通の消費税を乗せる）」という商流であれば、Ａ社にとっては国内取引になりますから、Ａ社は消費税を普通に仕入税額控除できました。しかし、商流の変更は経営上の重要な問題で、このためだけに

簡単に変更するわけにもいかないでしょう。面倒な状況が生じる以前に、輸入手続の名義とその影響等について、事前にしっかり検討することが重要です。

また、輸入申告をA社の名前で行っていたとしても、代行するC社が立て替えた輸入消費税の仕入税額控除を失念することがあるかも知れません。これが普通の仕入や費用等に紛れ込むと、所得（法人税額）は少なくなりますが、一方で納付する消費税が過大になります。税額控除の影響額の方が大きいため、会社が損してしまいますので、これにも注意が必要でしょう。

調査官の視点 ──────────────────────────→

☑ 輸入申告者と、輸入消費税を仕入税額控除する者とは一致しているか？

消費税は、商品やサービスが消費された国で課税になるというのが、世界標準の考え方です（消費地課税主義）。課税の方法は、国境を基準にして、次のようになっています。

> ▶ 国境を越えて日本に入ってくる資産等には、一律に課税する（輸入消費税）
> ▶ 国外で行われた取引には課税しない（不課税）
> ▶ 資産等が国境を越えて日本から出ていく取引は、国内取引の例外として一律に課税しない（輸出免税）

最後の輸出免税では、輸出の対価に課税しないだけではなく、その商品の課税仕入れに係る消費税額も還付されます。商品を完全に「消費税

フリー」の状態に戻して輸出し、その後の課税は輸出先の国（仕向地国）に委ねるということです。仕向地主義などと呼ばれます。

　ですから、海外取引に関する消費税の調査における重要なポイントは、「その取引が国内・国外いずれで行われているか」、「輸出入では商品やサービスが本当に国境を越えているか」という点の確認になります。国境と取引の関係に基づく課税・不課税・輸出免税の区分によって、日本で課税になるのか、仕入税額控除ができるかどうか、そして控除できる税額を算定する重要な数値である課税売上割合などが変わってきます。

　輸入取引は、国内取引と異なる性質を持っていますが、それだけに目立ちますし、納税方法等も形式化されています。日々生じるすべての取引の課税区分や適用税率を判定する苦労に比べれば、比較的慣れやすいように思われますが、それでも油断大敵です。

2 内外判定

事例 23 外国から外国へ輸出したとき

　株式会社 A 社は、X 国法人 B 社から X 国内で商品を仕入れ、そのまま Y 国法人 C 社に輸出販売した。X 国から Y 国への輸出手続は、A 社が行った。

　A 社（仕入税額控除は個別対応方式）は、C 社への販売を輸出免税と考えて、その売上額を、課税売上割合の計算式の分母・分子の両方に算入した。

　その後、A 社の税務調査において、「C 社への販売は不課税取引なので、取引額は課税売上割合の計算には影響しない（分母にも分子にも含めない）」との指摘を受けた。

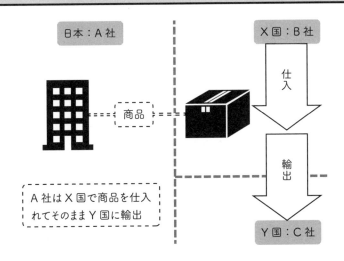

（1）消費税の観点からは輸出とは国内取引である

　A 社は商品を X 国で仕入れ（資産の譲受け）、それを Y 国に輸出（資

産の譲渡）しました。仲介貿易（三国間貿易）の形態です。

　事例ではまず、事業者であるＡ社が事業として、他の者（Ｂ社）から資産を譲り受けていますので、これはＡ社の課税仕入れに該当します（消法２①十二）。しかし譲渡の時に資産がＸ国にあるので、国外取引になります（消法４③一、消基通5-7-1）。仕入税額控除は「国内において行う課税仕入れ」しか対象になりませんので（消法30①）、それはできないことになります。同様に、Ｃ社への譲渡の時にも商品はＸ国に所在していましたから、これも国外取引です。

　一連の取引から生じる利益は、当然ながらＡ社の法人税の対象にはなりますが、日本の消費税を上乗せして授受する余地はありません。

　さらにいえば、仮に事例とは違ってＡ・Ｂ・Ｃ各社が日本企業であり、売買契約がすべて日本国内で行われていたとしても、資産が国外で譲渡される限り、国外取引（不課税）になることに変わりはありません（消基通5-7-10）。

　この状況でＡ社はうっかり、課税売上割合の計算上、Ｃ社への売上が輸出免税に該当すると考えて、対価を分子と分母の両方に算入してしまいました。

　しかし輸出免税とは、まず国内取引（課税取引）に該当することを前提として、その上で引渡しの手段が日本からの輸出である場合に、例外的に課税が免除になる仕組みです。

　不課税も輸出免税も、日本の消費税がかからないという意味では似ているのですが、そもそも不課税と輸出免税とは、全く交わるところのない概念です。両者では、課税売上割合や仕入税額控除の計算が違ってきます。調査での指摘は、課税売上げの計上漏れ等ではなく、課税売上割合が過大になっているという点でした。

（2）不課税と輸出免税では課税売上割合が変わる

　課税売上割合を計算するための分母と分子は、いずれも「国内におい

て行った取引の対価の額」だけが対象となっています（消法30⑥、消令48）。事例のC社との取引は、資産の譲渡等には該当しますが、国外取引ですので、その対価の額は分母にも分子にも算入されません。課税の対象になりませんので、関係ないのです。一方、輸出免税となる場合は、国内における資産の譲渡等であるため、その対価の額は分母にも分子にも算入されます。

A社は、C社との取引の対価を分母・分子の両方に算入しましたが、その結果、両方に算入しない場合に比べて割合の数値が大きくなってしまいました。不課税として取り扱うことに比べて、仕入税額控除の額が過大（納税額が過少）になっている状態ですので、これが調査での指摘となったわけです。

調査官の視点 ⟶

- ☑ 譲渡等の時の資産の所在国によって、消費税課税はオール・オア・ナッシングになる！
- ☑ 国外取引（不課税）を輸出免税（もともと国内取引）と取り違えていると、課税売上割合が過大になる結果、仕入税額控除の否認につながる！

事例は、日本の消費税の実際の仮受け・仮払いが生じない状況で、課税売上割合の計算だけを誤ったケースです。しかし、「国外取引か、国内取引だが輸出免税か」という判断は、有形資産よりも無形資産や役務提供の取引において、難しい場合が生じてきます。どちらに転ぶかで、仕入税額控除の可否や課税売上割合の計算が変わってきますので、慎重に検討する必要があります。

なお、A社には、B社から商品を仕入れる時に、X国の消費税が（税

制があれば）かかるでしょう。そしてそのＸ国消費税は、商品をＹ国のＣ社に輸出する時に、Ｘ国の輸出免税の適用を受けて還付されると考えられます。これは、Ａ社がＸ国の課税事業者（納税義務者）であることが条件になるでしょう。

国外取引のために国内で行った課税仕入れがあった

A 社は【事例 23】の取引において、日本に事務所を持つ D 弁護士事務所に、契約書の作成方法に関するコンサルティングや翻訳、チェック等を依頼し、国内で役務提供を受け、税込対価を支払った。

A 社は、C 社への売上が輸出免税取引だと思い込んでいたので、D 事務所への支払は「輸出免税に係る国内での課税仕入れ」と考え、個別対応方式の用途区分を、「課税資産の譲渡等にのみ要するもの」としていた。

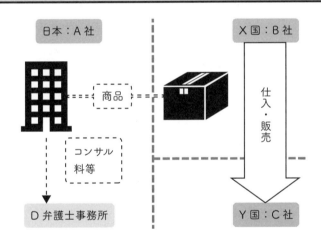

（1）国内で行った課税仕入れが仕入税額控除できる

　これは、税務調査で是正を求められたケースではありませんが、**事例 23 と同じ状況**で、「A 社が行った C 社との国外取引のために、日本国内で生じた課税仕入れがあった場合」の税務処理の事例です。

　前述のとおり、仕入税額控除できるのは国内で行う課税仕入れだけです。D 事務所が A 社に役務提供する場所が日本国内である限り、国内取引になります。A 社が支払うコンサルタント料は D 事務所の課税売上げになり、A 社では課税仕入れになって、A 社は仕入税額控除ができ

そうです。

　ここで、A社はC社への売上が輸出免税だと思っていましたので、D事務所への支払もそれに合わせて、個別対応方式の適用上、「課税資産の譲渡等にのみ要するもの」に区分していました。ところがC社売上は、本当は輸出免税ではなく、国外取引で課税対象外だったわけです。それでも、個別対応方式における区分は、このままで良かったのでしょうか？

（2）国外で行う譲渡は不課税だが「課税資産の譲渡」ではある

　結論としては、この区分でOKです。ある取引が、国外取引だという理由で課税対象外（不課税）であっても、それが課税資産の譲渡等に該当している限りは、そのために要する国内での課税仕入れは、仕入税額控除できます。個別対応方式の場合の区分は、「課税資産の譲渡等にのみ要するもの」になります（消基通11-2-13）。

　この区分について、「課税資産の譲渡等に該当しないという理由で不課税とされる取引」のために要する課税仕入れは、個別対応方式の区分上は「共通して要するもの」に該当するという、やや紛らわしい通達もあります（消基通11-2-16）。こちらの例は、株券の発行に当たっての印刷費などですが、株券や物品切手等の発行は資産の譲渡等に該当しないために不課税ですので、そのために要する費用は「共通して要するもの」に区分するとされています。しかし、もとが課税資産の譲渡等に該当する取引であれば、それ以外の理由（国外取引）で不課税であっても、そのために要した課税仕入れは「課税資産の譲渡等にのみ要するもの」になるということです。

　そしてこの取扱いは、国外で譲渡等をする資産が非課税資産であっても、変わりません。非課税取引とは、「国内において行われる資産の譲渡等のうち」の一定の（消費税法別表1（令和5年10月1日以後は別表2）に掲げる）ものと定義されています（消法6①）。ですから、国外

　　　第3章　取引事例でリスクを見分ける

で行う資産の譲渡等は、国内でなら非課税取引になるもの（例えば土地）であっても、すべて課税資産の譲渡等に該当することになります。

調査官の視点 ─────────────────────────────→

☑ 国外で行われたために不課税となる取引であっても、それが課税資産の譲渡等に該当するなら、そのために要した国内での課税仕入れに係る消費税は仕入税額控除できるので注意！

　内外判定の原則は単純です。有形資産の取引はその在処がわかりやすいので、悩む余地が少ないかもしれません。事例では、商品がX国を舞台にしてB社→A社→C社と譲渡されていきますが、一度も日本に入ってきませんので、日本の消費税が絡む余地がありません。国内取引に該当しないので、課税売上割合の計算からも対象外です（消法30⑥、消令48）。

　そして、資産の移動が日本の国境をまたぐときには、輸入でも輸出でも、税関を通る時に必ず消費税の国境税調整（輸入消費税の課税又は輸出免税）が行われます。

　したがって、有形資産の譲渡等の場合は、商品が物理的にどの国にあるか、その移動が日本との国境をまたぐかどうかを確かめることが、課税の有無を決める最大のポイントになります。

　事例でA社がD事務所から受ける役務は、国内で行う課税仕入れに該当します。そして、その役務が必要だったC社との取引が、国外取引であるために不課税ではあっても、課税資産の譲渡等には該当していることから、全額が仕入税額控除の対象になります。A社が不課税と輸出免税を勘違いしていても、結果オーライでした。

　株式会社Ａ社は、株式会社Ｂ社から、Ｘ国内で行う業務を受注した。内容は、Ｘ国内の複数の街でＢ社商品のサンプルを配り、感想を聞き取って結果を分析する業務である。Ａ社は日本で綿密な準備と手配をしてからＸ国に行き、現地業務を実施した。結果は日本に持ち帰って分析し、コメントを添えてＢ社に報告した。

　Ａ社は役務をＸ国内で行ったことから、この売上を不課税と考え、Ｂ社に消費税を請求しなかった。

　しかし税務調査において、これは国内取引に該当し、課税売上げの計上漏れであるとの指摘を受けた。

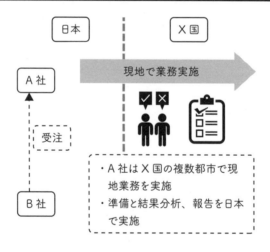

（1）役務の提供地とはすなわち消費地のこと

　国外に向かって役務を提供する場合は、①その提供場所の内外判定（国外取引である場合は不課税）と、②国内取引である場合に輸出免税（輸出類似取引）に該当するか、という２つの観点から注意が必要です。

　役務の内外判定の原則は、「役務提供が行われた場所（国）」です。サービスは提供された瞬間に消費されるという特徴を持っており、「役

【図表 45】役務提供の不課税と輸出免税

	役務提供の場所	提供相手	課税関係
1	国外	非居住者	不課税
2		居住者	不課税
3	国内 (原則課税)	非居住者	輸出免税
4			例外的な課税
5		居住者	課税

務提供地イコール消費地」となります。国外で提供（＝国外で消費）されれば、その提供相手を問わず、国外取引として消費税の対象外（不課税）になります（**【図表 45】**の1、2）。

　これに対して、役務の提供地が国内であれば原則課税となりますが、輸出類似取引に該当すれば、役務にも輸出免税が適用されます（**【図表45】**の3）。輸出類似取引とは、役務が非居住者（消費税法上の定義による）に対して提供される場合です。しかし、ここにも例外があって注意が必要です（**【図表45】**の4、**事例29**（258ページ）参照）。

（2）一連の役務が複数の国で提供されるとき

　事例の取引ですが、A社とB社はどちらも日本法人ですので、一見、国内取引のような気もします。しかし、A社がB社に提供すべき役務の一部分（X国内でのサンプル配りや感想聴取）は国外で実施されますので、内外判定の原則に基づけば、役務提供地が国外で不課税となりそうです。しかし税務調査では、不課税取引ではない（国内取引である）と指摘されました。どうしてでしょうか？

　役務提供の場所が1か所だけなら、そこで内外判定すればいいのですが、提供すべき役務が国内・国外の両方にわたって行われた場合や、提供された場所が明らかでない場合などには、原則とは別の個別規定があります。それは、「役務の提供を行う者の役務の提供に係る事務所等

の所在地」という基準です（消令6②六）。

　事例では、A社がB社に提供する役務のうち、サンプル配りと感想聴取の「現場」は、確かに国外です。しかし、事前の計画、準備、手配、事後の結果分析や報告事務は日本で行われました。A社は、B社から受注した一つの役務を、必要に応じて日本とX国の両国にわたって行い、提供したわけです。このような場合には、原則とは別の個別規定によって、「A社が役務の提供を管理する事務所の所在地」が役務提供地と判定されます。そして、役務全体を管理する場所が日本のA社内だったため、調査官はこの役務提供全体が国内取引に該当すると判断し、課税取引になると指摘したわけです。

　なお、取引相手のB社は非居住者ではないので、輸出免税（【図表45】の3）の適用はありません。

（3）国内・国外の対価が区分されていれば少しは助かった？

　この「事務所等の所在地」を役務提供の場所とする基準は、いわば「割り切り」です。役務の提供地が明らかではない場合や、明らかであっても対価が国内提供分と国外提供分に合理的に区分されていない場合に適用されます（消基通5-7-15）。

　これを言い換えれば、国内・国外にわたる一連の役務提供でも、それを構成する個々の役務の提供場所が特定できて、かつ、個々の役務ごとに相応の対価が決められており、対価全体を国内と国外に合理的に区分できるのであれば、それに基づいた課税になるということです。

　もし、事例でA社が請け負った業務について、国内・国外の個々の役務ごとの対価が合理的に区分できていれば、国外（現場）で提供されるサンプル配りやアンケートなどの役務の対価は国外取引として不課税になり、事前の準備や事後の分析・報告など国内で提供された役務の対価だけは国内取引として課税、という指摘になったと考えられます。

☑ 国境をまたぐサービスは、国境のどちら側で提供されているか？

☑ 国外で役務提供すれば原則は国外取引だが、国内でも提供する部分があれば、役務提供全体が国内取引になる可能性がある！

　海外取引としての役務提供は、提供相手が居住者でも非居住者でも、提供の場所が国外なら不課税です。提供地が国内・国外にわたる場合は、内容と対価が明確かつ合理的に区分されていればそれに基づいて判定しますが、そうなっていなければ、まとめて役務提供を管理する事務所の所在地で内外判定します。

　国境をまたぐ役務提供は、立ち止まって検討する必要性が高い要注意取引です。税務調査では、「実際にどのような取引だったか」の事実認定によって、課税が大きく変わる可能性もあります。取引相手、内容、会社の判断などをしっかり記録し、保管しておくことが非常に大切です。

事例26 知的財産権は多くの税目から注目される

　株式会社Ａ社は、韓国法人Ｂ社に対し、Ａ社が国内で使用するソフトウエアのシステム設計から納品までを一括発注した。Ａ社は、ソフトウエアには開発したＢ社の著作権が発生すると考え、著作権をＡ社に譲渡する契約とした。

　Ｂ社は韓国内でソフトウエアを制作し、完成したシステム一式を、インターネットを介してＡ社のサーバに格納して納品した。

　Ａ社は、ソフトウエアを日本国内で使用（消費）することから、その対価は源泉徴収と消費税の両方の対象になると考えた。そこで、国内法と日韓租税条約を検討して10％の源泉徴収を行うとともに、仕入税額控除の対象とした。

　しかし、Ａ社は税務調査において、「源泉徴収は適切ですが、対価は仕入税額控除の対象になりません」と指摘された。

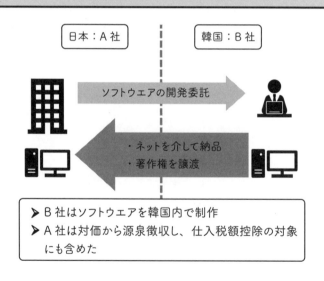

日本：Ａ社　　　　韓国：Ｂ社

ソフトウエアの開発委託

・ネットを介して納品
・著作権を譲渡

➤ Ｂ社はソフトウエアを韓国内で制作
➤ Ａ社は対価から源泉徴収し、仕入税額控除の対象
　にも含めた

　事例のＡ社は、この取引で消費税（仕入税額控除の可否）と源泉所得税（源泉徴収の要否）の両方を意識しました。

もう一歩踏み込めば、「インターネットを介してソフトウエアの提供を受けたのだから、電気通信利用役務の提供に該当して、Ａ社はリバース・チャージで消費税を納税する必要があるのではないか？」という一歩進んだ疑問が浮かぶかも知れません。

　知的財産権（以下「知財」といいます）は、考えどころの多い項目です。

（1）自動的取得の著作権は提供者の住所地だけで判定

　まず、消費税の課否判定です。ソフトウエアは、プログラムの著作物として著作権法上の著作物に該当します（著作権法10①九）。著作権は、著作物を創作したＢ社が自動的に取得するものです（著作権法2①二、15②、17）。

　そのような自動的に取得される知的財産権の内外判定は、「権利の譲渡又は貸付けを行う者（Ｂ社）の住所地」で行います。そうすると、Ｂ社の住所地は韓国ですから国外取引となり、課税の対象外（不課税）です。したがって、Ａ社はＢ社への支払に消費税を上乗せする必要はありませんし、対価は仕入税額控除の対象にもできませんでした。調査官は、この点を指摘しています。

（2）制作の請負は電気通信利用役務の提供ではない

　次に、リバース・チャージ方式の検討です。電気通信利用役務の提供に係る税法の定義には、「資産の譲渡等のうち、電気通信回線を介して行われる著作物……の提供……」とあります（消法2①八の三）。事例の取引は一見、該当するようにも見えます。しかし、定義は後半で、「……であって、……他の資産の譲渡等に付随して行われる役務の提供以外のものをいう」とも書いています。この規定によって、事例の取引は電気通信利用役務の提供には該当しません。

　事例の取引は、出来合いの商品としての電子著作物（電子書籍やゲー

ムなど）をインターネット上でダウンロードして購入するのとは異なり、ソフトウエアという著作物の制作を依頼したものです。インターネットは、その完成品の受渡しに使われはしましたが、それは著作物の制作請負という「他の資産の譲渡等」を遂行するために、それに付随して利用されたものにすぎません。したがって、電気通信利用役務の提供には該当しないことになりますので（国税庁消費税室「国境を越えた役務の提供に係る消費税の課税に関するＱ＆Ａ（平成 28 年 12 月改訂）」問 2-1、消基通 5-8-3㊟2）、リバースチャージ方式の対象にもなりません。

（3）知財関係の源泉徴収は必ず租税条約を見ること

　最後に源泉徴収です。国内法では、工業所有権や著作権の使用料又は譲渡の対価は、国内源泉所得に該当します（所法 161 ①十一）。したがって、その対価を非居住者や外国法人に支払う場合には源泉徴収しなければならず、税率は 20.42 ％です（所法 5 ④、178、179 一、212 ①、213 ① 一）。知財に係る支払は、国内法では必ず源泉徴収が必要になります。

　しかし、この源泉徴収はほとんどの場合、租税条約によって軽減されます。事例では日韓租税条約です。そこでは、著作権の使用料（日韓租税条約 12 ③）又は譲渡（日韓租税条約 12 ⑤）の収入に対しては、支払者の国でも課税できますが、税率は収入額の 10 ％を超えないものとされています（日韓租税条約 12 ②④）。これによって、国内法の源泉徴収税率 20.42 ％は、10 ％に修正されます。

　なお、租税条約が異なれば、国内法の修正内容も異なります。条約による修正がない場合（例：中国）、源泉徴収税率が 10 ％に軽減される場合（例：韓国、ベトナム）、そして源泉徴収が不要（B 社の日本への納税が免除）になる場合（例：インド、米英）などのパターンがあります（**事例 7**（166 ページ）参照）。

- ☑ 知財の取引に使う内外判定基準は、登録機関の場所か提供者の住所地かを見極める！
- ☑ 知財の取引には、源泉徴収も必ず関係してくる。租税条約があれば減免されるので、国内法と租税条約の両方からしっかり調査する！

　A社は、国内法と租税条約をしっかり確認して、源泉徴収を適切に行いました。しかし、「ソフトウエアは国内で使用（消費）するもの」という点を意識しすぎて、消費税の方で内外判定を誤ってしまい、過大な仕入税額控除をしてしまいました。

　実際には、国内法から租税条約まで検討が必要な源泉徴収に比べて、知財に係る内外判定の基準はずっと単純です。ですから、少なくとも消費税では、ミスのないようにしておきたいところです。

　なお、事例は電気通信利用役務の提供に該当しませんでしたが、もし取引が制作の依頼ではなく、既製品のソフトウエアをネット上で購入するものだったら、該当します。しかし、その場合でも、A社の課税売上割合が95％以上であれば特定課税仕入れはなかったことになり、リバース・チャージによる課税も、仕入税額控除もありませんので、注意してください（**事例30**参照）。

　また、韓国のB社が租税条約による課税の減免を受けるためには、まずB社が「租税条約に関する届出書」を作成し、それを対価の支払者（源泉徴収義務者）であるA社を経由して、A社の所轄税務署に提出する必要があります。ですから、条約を適用する場合には、取引相手との認識を事前に一致させておくことが大事になります。

　知的財産権の使用料等は、利益の発生場所を付け替えやすい「足の速

い所得」といわれるものの一つです。タックス・ヘイブン対策税制や移転価格税制においても、無形資産の存在やその所有者、譲渡対価や使用料の算定方法などが大きな問題となってきました。

　このような所得に対する課税上の問題に比べて、消費税法の取扱い（内外判定）はあっさりしたものです。しかし、無形資産の取引は長期になりやすく、金額が大きくなることもあります。少なくとも消費税や源泉所得税の課税関係は、取引の初めからはっきりさせておくことが大事でしょう。

3 輸出免税

事例 27 国内で引き渡すのは輸出とはいわない

　株式会社Ａ社は、Ｘ国のＢ社に商品を販売するに当たり、インコタームズの貿易条件の１つである「EXW条件」で契約した（注）。契約に基づき、Ａ社は日本国内の自社工場でＢ社に商品を引き渡し、Ｂ社は自社独自の輸送ルートを使って商品を港に運び、Ｂ社名で輸出申告手続をしてＸ国に持ち込んだ。

　Ａ社はこの取引を輸出免税としていたが、税務調査において、「輸出免税に該当せず、消費税の課税対象になる」という指摘を受けた。

　（注）EXW（Ex Works：工場渡し）は、インコタームズ（事例１（134ページ）参照）で定型化された貿易条件の一つ。売主の工場や倉庫などの指定された施設で、商品を買主（運送会社等）の処分に委ねたときに引渡しが完了し、その後の運送費用と損害の発生に係るリスク負担が買主に移るという条件。輸出者側の費用と危険の負担が最も小さい（有利な）条件とされる。

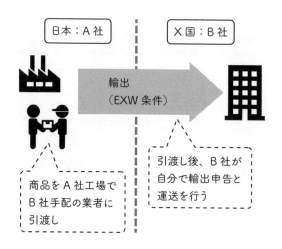

日本：Ａ社   Ｘ国：Ｂ社

輸出
（EXW 条件）

商品をＡ社工場で
Ｂ社手配の業者に
引渡し

引渡し後、Ｂ社が
自分で輸出申告と
運送を行う

（1）どこで引き渡したかが肝心

　Ａ社は、この取引を普通の貿易と考えて売上を輸出免税とし、商品の課税仕入れに係る消費税の仕入税額控除も行いました。取引全体としては、輸出のための取引といえるでしょう。しかし、EXW は「貿易条件」といいながら、突き詰めれば商品を国内で引き渡す取引です。

　輸出免税は、まず国内取引であることが前提ですが、その上で譲渡者（Ａ社）が輸出として行う取引（消法7①一）、すなわち船舶や航空機に積み込んで外国に送り出す取引でなければなりません。

　輸出に該当することは、書類等で証明される必要があります（消法7②、消規5①、消基通7-1-1）。輸出免税になるのは、税関から輸出許可書を交付された輸出者本人ですから、Ａ社が輸出申告をして輸出許可書の交付を受けることで、はじめて輸出免税を受けられることになります。証明書類としての輸出許可書等や関係する帳簿書類は、原則7年間の保存義務があります。輸出免税は、日本で消費税を課税しない仕組みですから、その要件は相当厳格です。

　しかし事例では、輸出申告をして輸出許可書が交付されるのはＢ社になっています。したがって、輸出免税を受けられるのもＢ社であって、Ａ社ではありません。もしかしたらＢ社は、Ａ社から国内で引渡

しを受けた後に気が変わり、輸出せずに日本国内で転売するかもしれません。そのような可能性が残る状況では、A社には輸出免税の適用はありません。A社は普通の国内取引として、B社に消費税を請求し、申告納税する必要がありました。

　なお、事例のようにEXW条件の取引であっても、A社が輸出許可を取り、その後に所有権や処分権がB社に移る等の契約と実務になっていれば、A社が輸出免税を受けられたと考えられます。輸出が誰に対して許可されているかは、消費税の課税を左右する最重要事項です。

（2）税務当局は還付申告に目を光らせている

　ところで、輸出免税に関しては、これ抜きでは語れない、重要な実務のポイントがあります。

　輸出免税となる取引が多い事業者は、課税仕入れに係る仮払消費税を課税売上げに係る消費税額から控除し切れず、還付申告になります。そして、多額の還付となる申告書が提出されると、税務当局は還付手続を一旦停止して、申告内容の適否を確認します。これを「還付保留」といいます。電話や書面（「お尋ね文書」など）を使った質問や追加的な資料の提出依頼等の場合が多いようですが、税務調査等が行われる可能性も生じてきます。

　国税庁は、以前からこのような対応を取ってきましたが、令和4年1月に、ホームページに「消費税還付申告に関する国税当局の対応について」という文書を掲載しました。

　短い文書ですが、輸出免税による還付申告を例に含めながら、行政指導や税務調査、還付が保留されることなどを説明し、理解と協力を求めています。輸出免税に関係する内容はおおむね次のとおりで、これらの点がそのまま、輸出免税に関する重要な留意点となります。

▶　還付申告の主な原因が輸出免税の場合には、輸出許可書やイン

ボイス等の写しのほか、取引実態が確認できる資料の提出依頼や、実地調査を実施する場合もある

▶ 還付申告の原因の確認では個別具体的な対応を行うため、例えば、課税仕入れや免税取引等の相手と連絡が取れず実態確認が困難な場合や、輸出等に係る証拠書類が適切に保管されていない場合などは、還付保留の期間が長期にわたる場合がある

調査官の視点

☑ 輸出を申告する事業者と、輸出免税を受ける事業者は一致しているか？

☑ 消費税の還付申告は、還付を一時保留してでも、その理由や関係書類等の保存を特に念入りに調査する！

　輸出免税は消費税の納税を免除する制度ですから、当然ながら税務調査の焦点は、「輸出取引に該当するかどうか？」の判定に尽きます。それに備えるためには、消費税法が想定する「輸出」、すなわち国外に向けて商品を送り出す取引に該当することと、自分が輸出の当事者（輸出を許可された者）であることが、書類や帳簿によって、明確に説明できなければなりません。

　さらに、輸出免税取引が多くなれば還付申告が恒常的なものになるでしょう。そこで、還付金が戻るまでの、課税仕入れに係る仮払消費税の資金負担を軽減するために、課税期間を３か月（年４回申告）又は１か月（年12回申告）に短縮できる特例も設けられています（消法19）。輸出業者の場合は、還付になる理由が明らかではありますが、それでも輸出許可書や関係するインボイス、輸出商品の国内仕入れの状況などは、行政指導や税務調査で確認を求められる可能性が高くなります。

国税庁ホームページの文書では、輸出免税と高額な設備投資が、還付申告となる原因の代表例とされています。還付申告に対する従来の対応を変えたわけではないようですが、改めてこのような公表をするのは、輸出免税等の仕組みを悪用した不正還付の事例が多いことを示唆しています。消費税の不正還付は、国に対する詐欺行為ともいえますから、特に力を入れていくという当局の意思表示でしょう。

　輸出免税に関しては、税関の申告書や輸出許可書、取引のインボイスや船積書類、国内での仕入に係る証憑書類、そして帳簿の整理と保管の状況などが、確認や提示が求められる代表的な項目です。今後導入されるインボイス方式でも分かるように、消費税は形式や証明へのこだわりが強いという点を踏まえて、書類の保存と整理をしっかりしておく必要があります。

事例 28 　非課税資産でも輸出するなら仕入税額控除できる

　株式会社A社は、仕入税額控除を個別対応方式で行っている。
今般、非課税資産（身体障害者用の物品：消費税法別表1（令和5
年10月1日以後は別表2）第10号該当）をY国の事業者に輸出
した。
　仕入税額控除については、非課税資産の国内取引と同様に、「課
税資産の譲渡等以外の資産の譲渡等にのみ要するもの」に区分し、
課税売上割合の計算では、非課税売上を分母にだけ算入した。

　これは調査事例ではありませんが、A社は消費税を多く納め過ぎてい
ます。税務調査では、税金の払い過ぎという観点からの検討は、あまり
されないかもしれません。納税者にとって追徴課税は避けたいですが、
過大な納税額に気が付かないでいることも、追徴課税と同様に重要な問
題です。

　事例は、取引としてはあまり一般的ではないかも知れませんが、国境
税調整の考え方が良く表れているケースです。

　原則として、国内取引においては、非課税資産の譲渡等に係る課税仕
入れの税額は、仕入税額控除できません。しかし、輸出の場合にも同様
の処理をすると、課税仕入れの税額はコストとして輸出価格に反映され
てしまいます。これでは、輸出先での価格競争に対して消費税制が中立
であるために、「商品を消費税フリーの状態にして輸出する」という仕
向地国原則の考え方が貫徹できません。

　そこで、輸出の場合には、商品が非課税資産であっても「課税資産の
譲渡等とみなして仕入税額控除を適用する」という特例が設けられてい
ます（消法31①）。これによりA社は、個別対応方式の計算に当たっ
て、非課税資産に係る国内での課税仕入れを、普通の課税資産と同じよ
うに「課税資産の譲渡等にのみ要するもの」に区分することができまし

た。また、課税売上割合の計算においても、輸出する非課税資産の売上を、課税資産と同じように、分母・分子の両方に算入することができました。A社が仕入税額控除できる税額は増加し、申告納税額が減少することになります。

調査官の視点 ──────────────────────→

☑ 輸出免税の取扱いは、非課税取引の取扱いに優先する。非課税資産を輸出するなら、対応する課税仕入れの消費税は仕入税額控除できることに注意。

　この特例は、国際的な取引において、消費税制が競争条件を歪めないために行う国境税調整が、政策的に決められている非課税取引に優先するという規定です。

　これによって、非課税資産の輸出は課税資産の輸出と同様に扱われます。このような特例を定めているほど国境税調整は重要で、厳格に実施されているという例になっています。

役務の提供相手が非居住者でも輸出免税とは限らない

　株式会社Ａ社は、Ｙ国法人のＢ社（消費税法上の非居住者で、日本に事務所等を有さない）から、次の２件の業務を受注した。業務はすべて日本国内で行った。
　　業務１：Ｂ社商品の競合商品の日本市場での動向調査
　　業務２：Ｂ社の代表者が日本に保有する家作（空き家）の現況調査と、必要と認められる場合の修繕
　Ａ社は、これらの役務提供は国内取引であるが、提供相手のＢ社は非居住者なので輸出免税になると考え、消費税を請求しなかった。
　しかし税務調査において、業務２の役務には輸出免税の適用はなく、課税売上げの計上漏れであるとの指摘を受けた。

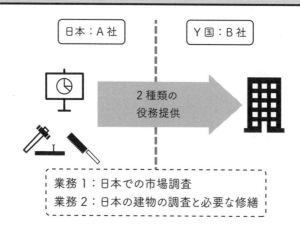

```
┌─────────┐              ┌─────────┐
│ 日本：Ａ社 │              │ Ｙ国：Ｂ社 │
└─────────┘              └─────────┘
```

２種類の
役務提供

┌───────────────────────────┐
┆ 業務１：日本での市場調査   ┆
┆ 業務２：日本の建物の調査と必要な修繕 ┆
└───────────────────────────┘

（1）役務の輸出とは非居住者に対する提供のこと

　税関を通らない役務が輸出されたかどうかは、「役務の提供相手が非居住者かどうか」で判定します（消令17②七）。有形資産なら税関手続で判定しますが、役務提供の輸出類似取引は、取引相手で判断します。

　消費税法の非居住者の定義は、所得税法の定義にある非居住者とは

違っていて、「外国為替及び外国貿易法」の定義が使われており、法人も含まれるなど独自のものになっています。

　A社の役務提供の相手であるB社は、消費税法上の非居住者に該当しますので、2件の業務はどちらも、輸出免税に該当しそうに見えます。しかし、非居住者に対して国内で役務提供をしても輸出免税にならない場合として、次の2つの例外があります。

　業務1は例外には該当せず、輸出類似取引として輸出免税の対象になりました。しかし業務2の方は、どうも例外に引っかかり、輸出免税の適用はされないようです。

（2）例外1……日本に非居住者の事務所等がある

　例外の1つ目は、非居住者が日本に支店や出張所等の事務所を持っている場合です。

　関税法の取扱いにより、非居住者の日本国内にある事務所等は、それ自体が居住者となります（外国為替法令の解釈及び運用について（昭和55年11月29日付蔵国第4672号））。非居住者がこのような「居住者である事務所等」を有している場合には、非居住者に対する役務は居住者である事務所等に対して行われたものとされます（消基通7-2-17）。したがって、ただの国内取引になってしまい、輸出免税は適用されません。

　ただし、次の要件をすべて満たす場合には、居住者である事務所を経由しない、外国の非居住者との直接取引として、輸出免税を適用して差し支えないとされています。

---

① 国外の非居住者との直接取引であり、直接にも間接にも日本事務所の関与がない
② 日本事務所の業務は、非居住者に提供する役務と同種、あるいは関連する業務ではない

仮にB社が日本に事務所等を有していて、そこがA社との受注や連絡の窓口となっている場合には、事例の業務1も業務2も、原則として輸出免税は適用されません。しかし、上記の要件①と②を両方満たす場合には、B社のY国本店との直接取引と認められて、輸出免税が適用できる可能性もあるということになります。

（3）例外2……便益の享受が日本国内で完結する

　例外の2つ目は、提供した役務の便益を、非居住者が日本国内で直接享受して終了する、下記のような役務の場合です（消令17②七イ、ロ、ハ）。

---

① 　国内に所在する資産に係る国内運送や保管
② 　国内における宿泊や飲食の提供
③ 　①、②に準ずるもので、非居住者が国内で直接便益を受ける役務

　これらは、サービスの便益が国境を越えておらず、国内で消費されて完了するものなので、商品が輸出されたのと同様に捉えることはできないとされるものです。

　①は国内における資産の場所の移動で、国外に出ていかなければ役務の輸出はないということです。②は、外国からの観光客が日本で提供を受けるサービスをイメージすればいいと思います。

　消費税基本通達には、③の例として、建物の建築請負、医療、観劇、国内の電話や通信、旅客輸送、日本語学校での語学教育などが示されています（消基通7-2-16）。

　事例の業務2は、日本に所在する建物の修理等ですから、通達にある建築請負と同様に考えられるでしょう。役務の便益が国内で直接享受されている場合に該当するとして、輸出免税の適用がないという指摘に

なったと思われます。

調査官の視点 ───────────────────────────→

☑ 役務提供の便益の享受が国内だけで完了していれば、役務が非
居住者に対するものであっても輸出免税は適用せず、国内取引
として課税する！

　国内で役務を提供したら、内外判定では国内取引で課税になります
が、役務の提供相手が非居住者であれば、原則として輸出免税が適用に
なります。

　しかし、非居住者に対する役務提供でも、輸出免税に該当しない2
つの例外があります。その非居住者が国内に事務所等を有している場合
と、役務提供による便益の享受が国内で完結する場合です。

　非居住者への役務提供に際しては、念を入れて、日本での事務所の存
在などを確認しておく方がいいでしょう。また、日本に事務所が存在し
ていても、外国本店との直接取引として輸出免税が適用できる要件を満
たす場合には、それを説明できる資料や情報をしっかり収集、整理して
おく必要があります。

　役務の便益が国内で完結する取引かどうかについては、線引きが難し
い場合もありますが、比較的広い範囲で捉えられているようです。例え
ば、非居住者が日本で語学学校に通うような場合、そこで得た知識や能
力は、長い目で見れば将来外国でも活用できるとは思いますが、この
ケースでも輸出免税にはなりません（消基通7-2-16）。語学を教授する
という役務は、講義が修了した時点で完全に提供が終わり、受講者はそ
の時点で便益を100％享受したという考え方になっています。

4 電気通信利用役務の提供(リバース・チャージ方式)

事例30 なかったことになる電気通信利用役務

　株式会社Ａ社（ホテル業、課税売上割合99％）は、Ｘ国法人の
Ｂ社が提供するインターネット上の宿泊予約サイトを利用して、海外
客の予約を受け付けている。予約手続はＢ社がネット上で行い、Ａ
社はＢ社に事務代行手数料（予約サイトの利用料）を支払っている。

　Ａ社は、海外からの客の宿泊代を消費税の課税対象とする一方、
Ｂ社に支払う手数料を課税仕入れと考えて、仕入税額控除の対象と
していた。

　その後のＡ社の税務調査において、「Ｂ社から受けるサービス
は、事業者向け電気通信利用役務の提供に当たるので、リバース・
チャージ方式の適用対象になる。しかし、Ａ社は課税売上割合
95％以上なので、当分の間、この取引は消費税法上なかったもの
とされる。したがって、Ｂ社に支払う手数料は仕入税額控除の対象
にならない」という指摘を受けた。

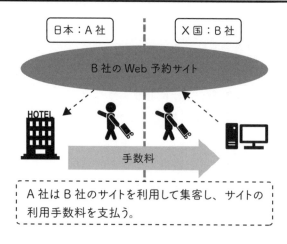

A社はB社のサイトを利用して集客し、サイトの
利用手数料を支払う。

（1）電気通信利用役務の提供に係る課税の概要の復習

電気通信利用役務の提供に係る課税の概要を振り返っておくと、次のような制度です。

「電気通信利用役務の提供」とは、電気通信回線を介して行われる著作物の提供その他の役務の提供（他の資産の譲渡等に付随して行われるものを除きます）をいいます（消法2①八の三）。

その中で、国外事業者が行う電気通信利用役務の提供で、提供を受ける者が通常は事業者に限られるものが「事業者向け電気通信利用役務の提供」（消法2①八の四）で、それを事業として他の者から受けることが「特定仕入れ」とされます。

特定仕入れは課税の対象になります（消法4①）。これには専用の内外判定の基準があり、「特定仕入れを行った事業者の住所又は本店の所在地」で判定します（消法4④）。したがって、内国法人が特定仕入れをすれば、国内取引になります。

取引内容が非課税のものでない限り、特定仕入れは課税仕入れにも該当します。これを「特定課税仕入れ」といい（消法5①）、特定仕入れと課税仕入れの両方の性質を有しています。すなわち、課税の対象になるとともに、仕入税額控除の対象にもなるということです。

特定課税仕入れに係る消費税の納税義務者は、役務の提供者ではなく受領者です（消法5①）。すなわち納税義務が、通常の「資産の譲渡等を行った事業者」から、「それを受けた事業者」に転換されています。これをリバース・チャージ方式といいます。

対価100を支払って事業者向け電気通信利用役務の提供を受けた（特定課税仕入れをした）場合、まず特定仕入れとして、100を課税標準にして（消法28②）、10の消費税がかかります。納税義務者はリバース・チャージ方式により支払者に転換され、支払者が申告納税する必要があります。

一方、特定課税仕入れは課税仕入れでもありますので、そこで支払っ

た消費税額は、申告で納税すべき消費税額から仕入税額控除できます。すなわち 10 の消費税が、課税と仕入税額控除の両建てになるわけです。

（2）制度は普通ならこう適用される

　調査官は、A 社が B 社から受けている予約代行サービスを、事業者向け電気通信利用役務の提供に該当すると指摘しています。

　このサービスの内容は、国外事業者である B 社が運営している、ウェブサイト上でのホテル予約サイトの提供です。A 社をはじめとするサイトの利用者は、宿泊客の獲得が目的ですから、事業者向けのサービスといえます。また、予約サイトを使うことそのものが中心のサービスですから、他の資産の譲渡等に付随してインターネットが使われるものでもありません。インターネットの空間そのものがビジネスの舞台になっていて、その存在を欠いては成り立たないサービスといえるので、電気通信利用役務の提供に該当します。

　したがって、A 社は特定課税仕入れを行ったことになります。特定課税仕入れの内外判定はサービスの受け手である A 社の本店所在地を基準にしますから、国内取引です。国内において特定課税仕入れを行った A 社は、納税義務者になります（リバース・チャージ方式）。支払額に消費税を上乗せして B 社に支払うのではなく、A 社自身が納税義務者となって申告納税しなければなりません。

　それと同時に、特定課税仕入れに係る消費税額は仕入税額控除もできますから、課税額と同額の税額が控除額計算の対象になります。

（3）しかし多くの事業者にはなかったものとなる

　以上が電気通信利用役務の提供に関する制度、すなわち特定課税仕入れに係る課税のルールです。しかし、課税売上割合が 95 ％以上の場合は、この特定課税仕入れは当分の間、なかったものとして、消費税法の規定を適用することになっています（平成 27 年改正消法附則 42）。A 社

の課税売上割合は 99 ％ですので、これに該当します。

　特定課税仕入れをなかったものにするというのは、消費税法の適用上、上記（2）の原則課税をすべてなかったことにするということです。言い換えれば、この取引は不課税取引に等しいということです。特定課税仕入れがなかったのですから、それに係る課税も仕入税額控除も、すべて存在しません。したがって、課税売上割合の計算や、個別対応方式における取引区分等にも全く関係しません。

　ところが事例では、A 社は、リバース・チャージ方式による消費税の課税をなかったことにしたまではいいのですが、仕入税額控除の方は実行してしまったところにミスがありました。本来は、両方ともなかったわけです。

調査官の視点

☑　課税売上割合 95 ％以上で「なかったもの」となる特定課税仕入れは、課税（リバース・チャージ方式）と仕入税額控除の 2 つの顔を持っている。2 つの顔を両方ともなかったことにしているか？

　電気通信利用役務の課税関係が新しく、分かりにくいものである上に、「でもそれは、当分の間なかったことにする」と畳みかけられても、いっそう混乱するかもしれません。今のところ、リバース・チャージ方式の適用を真剣に考えなければならないのは、本則課税で申告する課税売上割合 95 ％未満の事業者だけですので、数としては相当の少数派でしょう。

　しかし、なかったものといっても、課税が緩和されているわけではありません。課税と仕入税額控除の両方をセットでなかったことにするの

で、その結果は、その両方が「あったもの」の場合とほとんど違いません。

　ですから、特定課税仕入れを「なかったもの」として消費税法を適用する際に最も注意しなければならない点は、事例のように、「課税と仕入税額控除のどちらか一方だけしか適用しない」というミスをしないことです。一方だけをなかったことにすると、最終的な納税額が過少、あるいは過大になってしまいます。

著者紹介

伴　忠彦（ばん　ただひこ）

税理士、東京富士大学客員教授。

税務大学校専門教育部・研究部教授、杉並税務署長、東京国税局国際課税担当統括官、国税庁国際企画官、東京国税局国際監理官、川崎北税務署長などを経て令和元年退官。

海外取引と国際課税に関する税務調査の企画・立案・実施に長く携わる。

週刊税務通信（税務研究会）に「うちの経理部は海外取引に弱いんです！」を連載中（令和2年7月〜）。

主な論文に「外国子会社合算税制における合算方式と適用除外基準の再考」税大論叢第63号（2009・第33回日税研究賞奨励賞受賞）、「恒久的施設の範囲に関する考察」税大論叢第67号（2010）、「OECDモデル条約新7条と外国税額控除の制度・執行の見直し」税大ジャーナル第16号（2011・第20回租税資料館賞受賞）、「有害な税の競争及び有害税制の排除」「タックス・ヘイブン対策税制の理論と執行上の問題点」「海外子会社配当非課税制度について企業が考慮すべきこと」本庄資編著『国際課税の理論と実務―73の重要課題―』大蔵財務協会（2011）等。

海外取引の税務リスクの見分け方

令和5年2月3日　　初版第1刷発行　　　　　　　　　（著者承認検印省略）
令和6年3月15日　　初版第3刷発行

©著者　　伴　　忠　　彦

発行所　　税 務 研 究 会 出 版 局

週刊　「税務通信」　発行所
　　　　「経営財務」

代表者　　山　根　　毅

郵便番号 100-0005
東京都千代田区丸の内1-8-2 鉄鋼ビルディング
https://www.zeiken.co.jp/

乱丁・落丁の場合は，お取替えします。　　印刷・製本　藤原印刷株式会社

ISBN978-4-7931-2731-1